元宵

中国节

文字·苏 槿
插画·萧三闲

五洲传播出版社

火火红红闹元宵

火树银花不夜天，红红火火闹元宵。

当春节的热闹渐渐散去，正月十五又将还未褪去节日热度的喧闹重新点燃。如今的春节，很多人会"埋怨"只有七天假期，感叹年还没过够，就要开始新的忙碌。这时，总有声音跳出来安慰道："年没过够不要紧，还有大年。"

过大年，是中国南方一些地方的叫法。这过大年，其实就是过元宵节。过个大年，不放假，也不守岁，如何体现得出一个"大"字的隆重呢？无论南方、北方，正月十五一到，包饺子、祭祀、放鞭炮、挂灯笼……一应热闹事儿都要张罗起来。乍一看，跟过年差不多，但却又有它不一样的地方：吃元宵、赏花灯、闹社火、看大戏……正月十五就短短一天，节日的内涵却丰富到令人咋舌。

一只小小的元宵，藏着中国人大大的欢喜。这大概是大年之"大"吧！

元宵佳节，是整个春节长篇的压轴大戏，也是一场全民参与的民俗大戏。过完了元宵,才算真真正正、踏踏实实过完了年。一元复始,大地回春,当高悬的明月在新的一年里第一次露出它圆润的面庞时;当地上的彩灯成片,家家户户其乐融融赏玩灯景之时,你可知,这台元宵大戏在我国已经延续了 2000 多年……

元宵怎么过?大多数中国人都能随口说上一二:吃元宵、观灯、猜灯谜……和正月初一过春节不同的是,元宵不再刻意强调"回家"与"团聚",而是着重渲染热闹、欢乐的气氛。如果说,春节是阖家团聚的庆祝模式,那么元宵,则揭开了普天同庆的热烈画面。在过去,每座城镇一到晚上都会实行宵禁,除丧事、就医、婚嫁等外,百姓皆不得夜间无故出行。却偏偏在元宵节,也独独只有元宵节,可以外出玩乐。足以见得,元宵的热烈是自上而下的,是全民同乐的,也是打破常规的。

正因为如此,元宵节在中国人心中才有如此与众不同的地位。尽管古时的宵禁早已不复存在,那份一年只得一次的"夜游"在如今早已不再稀奇,但在千百年来的沿袭里,元宵节已经形成了它独有的"欢乐体质",若非一个"闹"字,如何能还原此情此景?

红红火火闹元宵,这红火,既有新春伊始的热乎劲头,也有焰火漫天的璀璨,还有花灯绚烂的热闹,更有一碗藏在元宵里的热热烈烈的生活气息。

目录

序
红红火火闹元宵 _ 005

第一章
元宵节，从皇家祭祀走入全民狂欢 _ 011
元宵节的起源 _ 015
元宵节的前世今生 _ 024

第二章
元宵节俗尽付喜乐中 _ 029
吃元宵还是吃汤圆？_ 032
元宵节还有能吃的灯？_ 039
月圆之夜 以灯为俗 _ 042
灯谜藏有几多趣 _ 060
好玩又好笑的民俗 _ 066

第三章

"闹"元宵：一场中国式狂欢 _ 077

闹元宵，祖先是这样防范隐患的 _ 080
古代元宵晚会，不逊春晚 _ 093
闹元宵，各地有各地的玩法 _ 098

第四章

元宵节：本是浪漫多情的节日 _ 111

元宵、上巳、七夕，哪个才是"中式情人节" _ 114
上元夜，争做最好看的姑娘 _ 126
元宵为媒，终成好事 _ 133

第五章

文学艺术，细述元宵情 _ 137

情趣盎然的灯联与赏灯诗 _ 140
古画里的元宵节 _ 145
名著里的元宵节 _ 152
花灯艺术，共襄一场灯彩盛宴 _ 159
文人们记忆里的元宵节 _ 166

第一章　元宵节，从皇家祭祀走入全民狂欢

一年明月打头圆。正月十五,作为新年里第一个月圆之夜,绝对有它盛大的理由。再加上元宵节作为春节的"压轴大戏",更是"喜上加喜",这个日子更显得隆重。

　　闹完了元宵,春节才算真正落幕。春节是一个阖家团圆的日子,热闹、喜庆,充满浓浓的人情味。春节代表着春回大地,万象更新,到了正月十五,皓月当空,彩灯万盏,天上地下一片光明之景。这样一个被赋予浓浓喜庆色彩的日子,强调的不再是春节那样的以家庭为单位的团聚,而是讲求走出家门,享受全民欢庆的节日氛围。

　　春寒料峭之时,漫天的灯火带给人温暖,带给人光明,带给人希望。人们以观灯之名,祈福求愿、吃吃喝喝、结伴闲游……这是一年中最放松的时刻。更何况还有"月上柳梢头,人约黄昏后"的浪漫,又有何人不向往呢?

元宵节的起源

元宵节,又称为上元节、小正月、元夕、灯节,定于每年农历正月十五,是中国的传统节日。2008年6月,元宵节入选第二批国家级非物质文化遗产。

元宵节,在我国已有2000多年历史。农历正月,也称为"元月",在《说文》中,宵,夜也。"元宵",即元月的夜。由此可以看出,元宵节,一定是正月里的节日。

人人都过元宵节,人人都爱吃元宵。元宵节如何而来?先有元宵,还是先有元宵节?这是一个问题。

元宵起源的神话传说

说到中国传统节日的由来,一定有与之分不开的神话传说。元宵节也不例外。这里的故事主角是一条小青龙。

从前天下事,皆由玉帝掌管。有一年,玉帝久醉不醒,天下没有甘霖的润泽,旱情蔓延,民不聊生。一条小青龙忧心于

此，偷偷降了一场大雨。玉帝醒过来后，震怒于小青龙擅作主张，遂将它贬下天宫，囚禁于黑水湖中。置身人间的小青龙，更深刻见得人间的苦难，于是，再次触犯天规，涌起湖水浇灌大地。玉帝被彻底激怒，让雷公劈死了小青龙。后来在一位老人的帮助下，小青龙转世，唤作龙生。龙生得知玉帝要在正月十五夜降天火降灾于人间，便告诉老人，让家家户户在门口悬挂灯笼，做成"火海"状。于是，人们按照龙生所说的去做，果然避免了一场灾难。当然，玉帝不会放过龙生，他再次杀害了龙生。人们为了纪念龙生，便在每年正月十五夜张灯结彩，后来演化成了元宵节。

这则传说没有明确的时间指向，但据相关研究显示，正月十五在西汉已经很受重视了。汉武帝正月上辛夜（即上辛日的晚上。上辛日指农历每月的第一个辛日。古时以甲子计日，每十日必有一个辛日。辛，天干中的第八位。其中每年正月上辛日是帝王祈求丰年之日。）在甘泉宫祭祀，被视为正月十五祭祀天神的先声。于是，另外一则传说则更为后人所接受。

相传，汉武帝时，宫中有一名宫女名叫"元宵"，因为长年身居深宫，见不到父母，终日以泪洗面。大臣东方朔同情她的遭遇，打算帮她一把。东方朔对汉武帝说，玉帝命人在正月十五火烧长安城，若想逃过此劫，可令全城百姓都用糯米面裹馅儿做成天上的火神君最爱吃的"汤团"，讨其欢心，阻其纵火。同时，当夜还要在通衢街巷高悬红灯，张灯结彩、燃放烟花，

形同火烧，再让百官吏员、宫娥彩女进进出出，来来往往，如同逃难，这样一定能骗过玉皇大帝，免此一劫。汉武帝听后觉得有理，传旨依此而行。

到了正月十五日，长安城里果然张灯结彩，游人熙来攘往，热闹非常。宫女元宵的父母也带着妹妹进城观灯。当他们看到写有"元宵"字样的大宫灯时，便惊喜地高喊："元宵，元宵！"元宵姑娘听到喊声，终于与家人相见。

这场由东方朔杜撰的灾难当然也没有真正降临。后人因该节为元宵小宫女而将节日取名"元宵节"，而那种加馅儿的糯米团子就称为"元宵"。元宵节挂灯放烟花、逛灯市的习俗就这样沿袭了下来。当然，这则故事肯定是后人编纂出来的。即便元宵节自汉朝始，但在当时，却并没有吃元宵这一习俗，甚至不知元宵为何物。但从这样的一则故事中，也能一窥元宵节欢聚、热闹的文化基调。

起源于祭祀还是"平吕"？

传说归传说，故事归故事。抛开传说故事，真实的元宵节其实确实起源于西汉。究竟起源于何种情节？还得说到西汉的两位皇帝：汉文帝和汉武帝。

有一种说法是：元宵节的设立是汉文帝时为纪念"平吕"

而设立的。汉惠帝刘盈死后,吕后篡权,吕氏宗族把持朝政。周勃、陈平等人在吕后死后,平除吕后势力,拥立刘恒为帝。因为平息诸吕的日子是正月十五,此后每年正月十五之夜,汉文帝都微服出宫,与民同乐,以示纪念,并把正月十五定为元宵节。有学者认为,这一则起源说有失偏颇,也不符合元宵节的文化内涵。因此,另一种说法更容易引起大家的共鸣。

据一般的资料和民俗研究来看,正月十五在西汉已经受到重视,汉武帝正月"上辛夜"在甘泉宫祭祀"太一"的活动,被后人视作正月十五祭祀天神的先声。《史记·孝武本纪》中记载:"汉家常以正月上辛祠太一甘泉,以昏时夜祠,到明而终"。

太一神是何方神圣?现如今,我们几乎已经听不到他的大名。但在汉代,他可是国家祭祀的至高神,相当于天帝的地位。当时的观念认为,太一神是最高天神,居住在北极星,乘坐帝车(即北斗星)巡游宇宙。相传汉武帝信神,有大臣奏请祭祀太一神,他便在汉长安城东南方建了一座太一祭坛,春、秋两季用三牲祭祀,后又在长安西北的甘泉宫修建太一祠坛专祭太一,其中尤以正月十五夜最为隆重。这一天,人们从黄昏开始,用盛大燎炬祭祀太一。在古代诸多典籍里,"泰氏""太皇""泰一""泰皇""泰壹氏"等,均与太一神有关。祭祀太一神一年四季都可以,但最重要的一次祭祀是每年的正月上辛日。由此可见,祭祀太一神并不一定在正月十五,但时间上也颇为接近。又说"常有流星经于祠坛上,使僮(童)男僮女七十人俱歌。

春歌《青阳》,夏歌《朱明》,秋歌《西暤》,冬歌《玄冥》。"这说明,祭祀是在夜晚,且有灯火,有童男童女歌舞。有学者认为,"常有流星经于祠坛上",象征着生殖万物,这和后来元宵节流行的求子文化是一致的。因此,从唐朝开始,人们就把它当作元宵节的起源了。唐代文学家、书法家欧阳询主编的《艺文类聚》中就说,汉家以望日祀太一,从昏时到明。今夜游观灯,是其遗迹。宋代洪迈《容斋随笔·上元张灯》一书也引此立说;宋代朱弁《曲洧旧闻》亦赞同洪迈的观点。

这一起源说也可以看出,太一祭祀是一场皇家祭祀,并不是民间节日,距离后来的元宵节的"狂欢体质"还挺远。但可以肯定,西汉司马迁创建太初历,就已经把元宵节列为重要节日。太初历是我国古代一部比较完整的历法,将一日分为

八十一分，故又称"八十一分律历"。

佛教燃灯说，道教三元说，都融入了元宵节的起源

元宵节，又称灯节，自然跟张灯、观灯分不开。时至今日，很多地方还会在元宵节期间举行盛大的灯会。晋朝就有诗云："煌煌闲夜灯，修修树间亮。灯随风炜烨，风与灯升降。"描写的就是元宵佳节，灯笼挂在树间随风摇曳的情景。

有民俗学家认为，元宵节燃灯、观灯，皆与东汉时期，佛教东传有关。汉明帝永平年间，来自印度的佛法传至中原大地，听闻印度每逢正月十五，僧众都会参佛。提倡佛法的汉明帝于是下令正月十五夜在宫中和寺院"燃灯表佛"，并令士族庶民都要挂灯。

到了南北朝，因为梁武帝笃信佛教，正月十五张灯风气更盛。

"法轮天上转，梵声天上来。灯树千光照，花焰七枝开。月影凝流水，春风含夜梅。幡动黄金地，钟发琉璃台。"这是隋炀帝作的一首《正月十五日于通衢建灯夜升南楼》，在这首诗里面，他提到法轮、梵声、幡动、琉璃台等具有典型佛教意向的事物，这就说明，隋朝的正月十五夜观灯，的确与佛教的弘扬密不可分。

到了唐朝，大兴佛教，在正月十五夜"燃灯表佛"已经形

成盛大的气候。并且自唐朝起，元宵张灯成为法定之事，点灯，也从最初的宫廷事宜发展为一项民间活动，全国范围内的盛事。

在佛教寓意中，灯火象征智慧和光明，带给人希望和温暖。佛法，犹如一盏明灯，能照亮迷茫，指引前路。随着佛教在中国的深入，影响的日益扩大，燃灯表佛的习俗被吸纳到正月十五的习俗中，宗教色彩渐渐淡化，大众娱乐的精神与之加深。

除了佛教燃灯说，关于元宵的起源，还有一个不能忽略的说法，就是道教的"三元说"。"三元"是道教里的神仙，分别是天官、地官、人官。魏晋时，在道教的说法里，将三官与季节时日相配：正月十五是上元日，七月十五是中元日，十月十五为下元日。为表对天官的尊敬之心，故在正月十五燃灯以庆贺。这个节日因此有"灯节""灯夕"之称。当各种信仰交织起来，花灯便成为元宵节的重要标志。

无论是起源于道教的说法还是佛教的说法，元宵节起源于汉代应该是没有争议的，且观灯与元宵节密不可分。

元宵的前世今生

闹完了元宵，春节才算真正过完。春节代表着春回大地，万象更新，到了正月十五，皓月当空，彩灯万盏。这样一个被赋予浓浓喜庆色彩的日子，强调的不再是团聚，而是讲求在春天里走出家门，享受节日的氛围。什么叫作"普天同庆"，看看历史上的元宵节就知道了。

正月十五是元宵，只是在过去，它还有另外的叫法。元宵节，在早期形成节庆的过程中，只是被称为正月十五日、正月半或者月望；隋之后，赋予了它"元夕""元夜"之名；唐初，称为上元节，唐末偶称元宵节；到了宋朝，又改为灯夕；到了清朝，又叫作灯节。这些叫法，跟这个节日的时间、民俗活动、节日时令都有很大关系。

元宵节，自汉魏时期形成，在唐宋时期有了明显发展，明清时期成为新年期间与春节呼应的重要节日。这个古老的节日，就放假时间来说，在历史上也占据了颇重的分量：汉代为一天，唐代前期也为一天，至唐玄宗天宝三载（公元744年）已是连

放三天,后来修订为正式的法定"小长假"。到了宋代,一开始是延续唐代的三天假,到了神宗时期则成为七日"黄金周";明代更是自初八点灯,一直到农历正月十七的夜里才落灯,整整十天(此处应有欢呼声)。清代节庆时间缩短到五天,但活动内容却更为丰富了。

就热闹程度而言,元宵节虽然起源于汉朝,但从汉朝的诗篇中,却很少发现元宵节的热闹气质。直到隋唐以后,特别是唐朝,各种文字记载中,透露出元宵节从最初的国家祭祀活动发展成一个全民狂欢的盛大娱乐节日。

"火树银花合,星桥铁锁开。暗尘随马去,明月逐人来。游伎皆秾李,行歌尽落梅。金吾不禁夜,玉漏莫相催。"唐代苏味道的元宵良夜,有花枝招展、浓妆艳抹,也有难得一见的通宵达旦。"千门开锁万灯明,正月中旬动帝京。三百内人连袖舞,一时天上著词声。"唐代张祜笔下的元宵,有盛大的歌舞,有惊动整个帝京的花灯。

"东风夜放花千树,更吹落,星如雨。宝马雕车香满路。凤箫声动,玉壶光转,一夜鱼龙舞。蛾儿雪柳黄金缕,笑语盈盈暗香去。众里寻他千百度,蓦然回首,那人却在,灯火阑珊处。"宋代辛弃疾的元宵节,有焰火,有华服,甚至还有艳遇。"桂花香馅裹胡桃,江米如珠井水淘。见说马家滴粉好,试灯风里卖元宵。"清代符曾笔下,有核桃仁、江米、汤圆……溢满了甜甜的味道。

纵观元宵节的发展史,从汉代的祭太一神、燃灯表佛;到魏晋时期祭门户、祀蚕神、迎紫姑;再到隋唐时期放花灯;宋代形成的"花市灯如昼";明代的放烟火、耍杂技;以及清代的放冰灯……元宵节的发展,由宫廷到民间,最终形成一个字——"闹"。

纵观元宵节的前世今生,不难发现越是太平盛世,元宵节就越热闹,规模越盛大,活动越丰富,花样越繁多。比如唐、宋、明、清的元宵盛况,往往出现于政通人和、四海清宁的年代。因此,从这个角度来看,元宵节的热闹程度成了社会经济的晴雨表。

及至今日,城市里的元宵节俗主要浓缩为逛灯会和吃元宵。各地举办元宵晚会、元宵喜乐会等文化娱乐活动,通过电视、网络等媒介传播。出门赏灯游乐或是在家吃元宵看晚会,人们有了更多样的选择。元宵节这个传承了两千多年的传统节日，不仅盛行于海峡两岸，在海外华侨华人的聚居区也欢庆不衰。

吃喝玩乐，灯火辉煌；锦绣华服，游览胜景；歌舞升平，通宵达旦。这应该是元宵节正确的打开方式。虽然"狂欢"这样的字眼，与传统中国人含蓄、内敛的特质似乎格格不入，而作为具有中国特色的"狂欢节"，元宵节有足够的资格称得上"中国嘉年华"，其热闹程度，很多时候不逊于世界上诸多著名的狂欢节。

但是，正月十五闹元宵，这"闹"，是热闹，是欢闹；是生机勃勃、是声势浩大。元宵节的核心意义在于狂欢，又不仅仅是狂欢。

于时令上来说，春节和元宵节所处的时节正是由冬入春，由寒转暖的季节转换关键；于人来说，熬过了一个漫长严冬之后，终于迎来了春暖花开的日子，由静到动，从室内到户外，的确是一件值得呼告狂欢的大喜事；于自然生命来说，由冬藏转为春生，由冬眠转为舒醒，由蛰伏求存转为肆意生长，更是一件没有理由不用生命去欢呼歌唱的事情！天人同喜，万物同庆，这也许是追求天人合一境界的中国人在元宵节忘情狂欢背后的深意。

春寒料峭之时，漫天的灯火带给人温暖，带给人光明，带给人希望。人们以观灯之名，祈福求愿、吃吃喝喝、结伴闲游……是一年中最放松的时刻。更何况还有"月上柳梢头，人约黄昏后"呢！如此这般的浪漫，又有何人不向往呢？

第二章

元宵节俗
尽付喜乐中

如今，元宵节最大的乐子该是一场围绕着吃汤圆还是吃元宵的"世纪之争"，很多人大概从来没有回过头去看看从前的元宵节，更很难想象几百年前的明朝政府，任性地在元宵节放假十天，只为了一件事情——观灯。

现代人的元宵节，虽也成节，却没有法定假日。作为正月初一之后的第一个传统节日，也是整个春节期间的"收官之作"，元宵无假，多多少少显得有些尴尬。以至于近些年的全国"两会"上，不少专家也提议将元宵纳入法定节假日。

上班的上班，上学的上学，元宵节的仪式感渐渐流于表面。干脆吃口元宵吧，这是最容易实操的习俗，但它却不是元宵节的全部习俗。观灯、猜灯谜，作为元宵节的核心习俗，在上世纪八九十年代还颇为流行。至于走百病、摸门钉、祭门户等大多失传的习俗，只能停留在想象中了。这些失传的习俗也提醒我们，元宵的民俗虽然重在大众娱乐，但其社会文化意义却不仅仅是娱乐。从古代祭太一神，祈求丰收平安；到祭门户，佑护蚕桑；再到摸门钉、送花灯求子；以及吃元宵求个团团圆圆……在娱乐的外壳下，元宵也有它作为传统节日的寓意功能。

元宵喜乐，喜在其俗，乐在其中。

吃元宵还是吃汤圆?

随着春节的淡出,过了正月初七,需要遵循的老规矩开始减少,人们好像重新回到正常的生活轨迹,该干嘛干嘛。直到正月十三,一项重要的民俗活动被提上日程,它和元宵节有着密切的关系,就是"灯头生日"。从前,每逢这一日,民间要在灶台下点上一盏灯,被称为"点灶灯",这盏灶灯在元宵节期间会一直亮着,直到元宵节过完。南宋理宗淳祐三年(1243年)有记载曰:"请预放元宵,自十三日起,巷陌桥道,皆编竹张灯。"这样的习俗如今早已淡出我们的视野,但另有一件事和如今的元宵节息息相关——从这一日开始,人们开始磨糯米,搓元宵。

于是,元宵,从正月十三开始,走入大众的视线。

浮元子,听上去有那么一点小清新

每到搓元宵的季节,一场旷日持久的南北之争就会被端上桌面:元宵节到底应该吃元宵还是吃汤圆?如果这时候宋朝人能听到我们的这场对话,怕是要忍俊不禁了。"元宵和汤圆,不都是抄的浮元子嘛!"

浮元子是什么?听上去是一款类似于甜品的吃食,据说是宋朝人的"专利"。单看这名字,即便放到如今,也绝对是妥妥的"网红体质"。

小美女"浮元子",祖籍宋朝明州(现浙江省宁波市),长得肤白貌美、圆圆滚滚(用糯米粉搓成),内里又是十足的甜妞儿(喜用各种果饵做馅儿)一枚,颇受人们的青睐。她还很顽皮,喜欢在滚水里浮浮沉沉,遂得名"浮元子"。

这浮元子就是后来汤圆、元宵的原型。只是因为做法的不同。如今,南方叫作汤圆,北方叫作元宵。

元宵的进阶史

浮元子是在宋代横空出世的吗?在宋代以前,元宵节吃什么呢?

据《荆楚岁时记》记载,魏晋南北朝时,正月十五食用"白粥泛糕",就是用肉汁浇上米粥或者豆粥。而且,这种食物也是用来祭祀的,还谈不上是节令食物。

到了隋代的元宵节,据说,隋炀帝会赏赐给臣子们一种有糯米圆子的甜水,听上去跟今天南方的小汤圆很是相似。这种小汤圆用糯米粉搓成,实心,个头比黄豆大一点点,还经常跟酒酿(醪糟)一起下锅,所以也叫作酒酿圆子。但这都还不是浮元子的前身。那么,浮元子的雏形到底是什么呢?我们就要去看看唐宋人的元宵节吃什么了!

有两种食物进入我们的视线——油锤和面蚕。乍一听名字,跟如今的元宵是不是一点也扯不上关系?别急,先来看看它们为何物。油锤,宋郑望之作宋代饮食著作《膳夫录》中说:"汴中节食,上元油锤。"可以看出,油锤,的确是上元节的节令食物。油锤长什么样呢?是不是跟它名字一样很油腻呢?据宋人合撰的《太平广记·尚食令》记载,油锤,就是用南枣面裹馅搓圆,放在油中炸熟,有点类似于现在的炸元宵,但它还不是元宵,至多算得上元宵的雏形,从唐代开始就已经开始流行了。

另一种食物,叫面蚕。根据唐王仁裕《开元天宝遗事》记

载:"每岁上元,都人造面茧。"此习俗到宋代仍有遗留,但不同的应节食品则较唐朝更为丰富。有学者认为,面茧就是"乳糖元(圆)子"。这种元子,已经有了内馅,才给了宋代宁波人创造浮元子以借鉴。

浮元子下到锅中,先沉后浮,让人不禁想起天空中一轮满月。起初,浮元子还没有被赋予元宵之名。因为浮元子的样子讨巧,看上去就寓意着团团圆圆,又是在汤(开水)中煮成,便自然而然有了汤团、汤圆之名。而北方人则因为它是在元宵节时食用,便直接将其唤作了元宵。

明代刘若愚的《酌中志》中记载,"自初九日之后,即有软灯市,买灯吃元宵,其制法用糯米细面,内用核桃仁、白糖为果馅、洒水滚成,如核桃大小,即江南所称'汤圆'也。"这里提到了元宵,也提到了汤圆。在他的描述中,元宵就是江南人所称的汤圆。这说明,元宵、汤圆二者本就是同一种节令食物,只是地域上有叫法差别。但也可以看出,那个时候的元宵和汤圆在做法上也没有什么区别。

清代以后，北方的元宵和南方的汤圆都开始铆足了劲地在馅料上下功夫。比如，北京的桂花什锦元宵、天津的蜜馅元宵都是鼎鼎有名的。南方的汤圆也不赖，比如苏州的五色汤圆、广东的四式汤圆、重庆的凌汤圆、成都的赖汤圆……元宵的世界千奇百怪，你可千万不要大惊小怪。为了突出重围，各地元宵真可谓"别有用心"了！

辛亥革命后，袁世凯窃取了大总统的职位，他这个人忌讳颇多，元宵因为谐音"袁消"就躺了枪。于是，"元宵"骤然失宠，1913年元宵节前夕，袁世凯下令改元宵为汤圆。很可笑的是，元宵的暂时退场根本没有阻挡住"袁消"的步伐，袁世凯政权仅仅存留了83天就灰飞烟灭……也就是说，老百姓们根本还没有接到取消"元宵"之名的通知，该政策就已然失效了。看样子，元宵和汤圆势必要长久共存。

如今，想要尝一口正宗的宋式浮元子，往宁波去吧！在宁波，一定要点最有名的猪油汤圆。这种汤圆将一级的糯米磨成粉做成皮，将上等细腻的白糖、黑芝麻和优质猪板油调制成馅。

咬开一口，油香四溢，糯而不粘，绝了！这种猪油汤圆，就是得到了宋代浮元子的真传，距今已有700多年历史，已成为一道美名远播的中华名小吃。

滚元宵，包汤圆，惹出的一场纷争

了解过元宵的进化史，似乎也就不应该再存在元宵节到底吃什么的疑惑。但是，还有一个新的难题出现了：南方人不知元宵是何味，北方人却看汤圆是个怪胎。这时候，古人又要跳出来说话了："元宵这么珍贵，你们岂能挑三拣四！"在古时，元宵确实价高，"贵客钩帘看御街，市中珍品一时来。帘前花架无行路，不得金钱不得回。"

说起元宵和汤圆的差异，很多人都能脱口而出：元宵是滚（摇）出来的，汤圆是包出来的。元宵用糯米细粉制成，多用豆沙馅、白糖馅、山楂馅，以及各类果脯蜜饯，其做法为摇制法。明代刘若愚对此有详细记载："其制法用糯米细面，内用核桃仁、白糖、玫瑰为馅，洒水滚成，如核桃大，即江南所称汤圆也。"大概意思就是，将和好的馅切成小块，过一遍水后，扔进盛满糯米面的笸箩内滚，一边滚一边洒水，直到馅料沾满糯米面，滚成圆球方才大功告成，典型的一枚"摇滚青年"。这方法简单粗犷，煮出来有一大BUG：浑汤。但是也有一个大好处：方便快捷，适合批量生产。在吃法上，除了煮，也可以选择蒸着吃，

炸着吃,或者做成拔丝元宵等。

而汤圆因为产自温婉细腻的南方,则显得柔美、精致得多。汤圆的做法跟包饺子差不多,先将糯米粉加水和成团,放置几小时让它"醒"透,然后把你想吃的馅料包进去,搓成圆形。这馅料"可甜可盐",荤素自配。在吃法上,汤圆就显得比较单一了,只能用煮的方式。但是一锅汤圆,馅心很软,自带汤汁,满口溢香。

我国地大物博,十里不同风,百里不同俗。元宵就像北方的汉子,汤圆则如南国的佳丽,各有各的况味。元宵佳节至,无论选择汤圆还是元宵,无非都是取意团团圆圆、和谐圆满之意,更承载着中国人的甜蜜"小确幸"。

元宵节还有能吃的灯？

除了元宵是绝对的主角，元宵节期间，还有一些其他的吃食，比如一款既好看又好吃的灯——豆面灯。

在中国黄河流域一带的农村，每逢元宵，家家户户要将这豆面灯做上一做。豆面灯，又叫面盏，是以黄豆面为主要原料捏成的。做灯之前，要先用食油掺和豆面揉成筋道的面团，如此灯碗才能做得精细。之后再塑形、风干、上色、上釉，最后于灯盏中插上用草木或者火柴棍缠绕棉絮做成的灯芯，倒入豆油，一盏可爱的豆面灯就活灵活现地出现在我们面前了。因其点燃后能发出金黄的光晕，故又被称为"金灯"。

豆面灯，是元宵千灯万盏中最特别的那一盏，却与元宵灯火是一脉相承的。1922 年出版的《胶澳志》就记载："上元蒸面做灯，注油点之，视其烬花以占五谷丰歉，曰灯花。"那一盏盏豆面灯，有十二生肖，有福禄寿喜，有家禽走兽，也有花鸟虫鱼、吉祥神兽。可谓心有多大，豆面灯就有多少种。

豆面灯，既是用豆面做，肯定是能吃的，但吃之前，它还

有更大的作用要发挥。在过去,它被用来祭祀已故先人;然后,它要在元宵节这日,照亮家里的角角落落,以此祈求风调雨顺,平平安安。比如,狗面灯放置大门口,可以看家护院;猪头灯寓意猪肥家润;圣虫(蛇)灯置于窗台,可保百毒不侵;蝙蝠灯可带来福气;喜鹊灯前来报喜;鸡灯寓意吉祥;莲子灯庇佑多子多福……甚至在清代,还有做十二月灯的,以面摺数量代表月份,十二个摺代表十二月,然后将面灯蒸熟后,看每个月面灯蓄水多少来占卜来年十二个月的旱涝情况。清康熙年间《莱阳县志》就记录下了此俗:"又做面盏十二照月序蒸之,以卜水旱。"可见,人们的美好祝愿,全都藏在这一盏盏"心机灯"中了。

借着元宵灯火的吉祥之意,面灯也完成了它的使命。在每年元宵落灯之日便可食之,以示福大寿大。清咸丰年间,山西

《澄城县志》记载："正月十五日蒸荞麦面为灯盏,注油燃灯,次早食之。"

如今,这种流传于民间的习俗已被列为山东省非物质文化遗产。祈祥纳吉,中看中吃,就是元宵豆面灯。

除此之外,元宵节各地还有吃面条、食年糕、吃生菜等习俗。比如,面条在过去为元宵灯节落灯夜的食物,多流行于长江以北地区,有民谚曰:"上灯元宵落灯面,吃了以后望明年"。宋代《仪徽岁时记》载:"(正月)十八落灯,人家啖面,俗谓'上灯圆子落灯面',各家自为宴志庆。"落灯时吃面条,有喜庆延绵不断之意。

至于吃年糕,应该是春节习俗的延续。在唐代,年糕又名粘糕,取"年年高"的好意。据说,唐代人在元宵节是要吃年糕的,元代也有元宵食年糕之俗。而今,广东人习惯于元宵节吃的生菜,也是顺应了春节之俗,取"生财"之好意。浙江一带还有吃馒头、麦饼的习俗,取"发子发孙大团圆"之意。有的地方还有"十五扁,十六圆"的民谚,所以一日吃饺子,一日吃元宵。中国之大,食俗之多,真可谓一碗元宵一碗面,吃出一个幸福年。

月圆之夜 以灯为俗

旧时，为了迎接元宵佳节，民间和庙宇纷纷在元宵前夜，也就是正月十四搭灯棚，悬灯结彩，预演节目，为元宵夜做最后的"彩排"。这一干准备事宜，统称为"试灯。"在节前数日，游摊小贩们已经开始兜售各式花灯。除此之外，一应元宵佳节所用的物品、孩子们的玩具、妇人们的饰品等皆已上市。元宵的浓郁氛围，也就在灯市与灯会间，次第拉开。

无灯不元宵。花灯不仅好看，也有祈福的作用。在民间，花灯寓意吉祥，元宵尚且还在新年，花灯便可用以祈年，象征团圆美满，而"灯"又与"丁"谐音，因此，花灯又被用以象征着多子多孙。

当华丽的灯盏点亮上元之夜，白昼为市，便掀起了元宵节的高潮。吃元宵、观灯，是元宵节最重要的两大习俗。观灯是一层，伺机制造"偶遇"是另一层。俏丽可人的姑娘，温柔多情的公子，灯火阑珊处，华衣美服、柔情似水。好在，影视剧中还原了大量的元宵节浪漫的桥段。拥挤的街市，熙熙攘攘的人群中,《大明宫词》中的小太平邂逅了她的薛绍。

暖暖的灯火,有着迷一般缱绻柔情。人们对上元灯会的向往,很难说得清是对灯的迷恋,还是对情的回归。

自元宵张灯之俗形成以后,历朝历代都以正月十五张灯观灯为一大盛事。

夜夜笙歌,隋炀帝元宵节的"新常态"

灯节的兴盛,要从隋代开始说起,尤其是在隋炀帝时期。隋炀帝是个爱热闹的人,《隋书·音乐志》的记载还是十分具体生动的:"每岁正月,万国来朝,留至十五日,于端门外,建国门内,绵亘八里,列为戏场。百官起棚夹路,从昏达旦,以纵观之。至晦而罢。"从这段文字可以看出,每年正月间,外国使者来到大隋,隋炀帝仗着自己"家大业大",把客人留到正月十五,为的就是让他们看一场正月十五晚举行的盛大的元宵灯戏。

说它盛大,盛大到何种状况呢?"至晦而罢",足足进行了半个月。这样的欢闹并不是某一年特意做的,而是在隋炀帝当政期间,年年如此。在《炀帝本纪》中,也有记载:"六年春正月……丁丑(十五日),角抵大戏于端门街,天下奇伎异艺毕集,终月而罢。帝数微服往观之。"可见,元宵节的夜夜笙歌已经在隋炀帝时期成为"新常态",也正是从那个时候起,元宵节的发展前进了一大步。

狂欢三天三夜,唐朝人第一次有了"夜生活"

令人眼花缭乱的大唐,有的是歌舞升平的资本。本就自长安而起的元宵节,自然更容易得到长安城中盛唐皇帝们的钟情。至于庶民呢?可以说,他们完全没有理由拒绝这个节日。唐代诗人苏味道《正月十五夜》中写道:"金吾不禁夜,玉漏莫相催。"金吾,是一种古代官名,掌管京城的戒备,禁止人们在夜间行走。也就是说,现代人习以为常的夜生活在那个年代是难以想象的。但是也有例外!这"金吾不禁",就是特指元宵节没有宵禁,人们终于可以玩个通宵。唐代韦述在《西都杂记》中也说:"西都京城街衢,有金吾晓暝传呼,以禁夜行;惟正月十五日夜敕许金吾弛村,前后各一日。"这说明,彻夜狂欢的福利不仅仅在正月十五一晚,还包括正月十四和正月十六,总共三晚。以至于元宵节期间,大街上的人多到了什么程度呢?据说,有人甚至被人潮挤得双脚悬空而走,足足走了几十步。

那么皇帝在干嘛呢?在《明皇杂录》里有一段关于唐玄宗过元宵节的记载:"每正月望夜,又御勤政楼,观作乐。贵臣戚里,官设看楼。夜阑,即遣宫女于楼前歌舞以娱之。"不仅如此,唐玄宗还给官员准假三天,也正是从他这里开始,元宵节成为一个国家法定节日被保留下来。

唐代的灯会壮观吗?当然气势恢宏。燃灯据说有5万盏,宫中甚至有高达50米的巨型灯楼,在很远很远的地方都能看见其耀眼的光芒。从唐代开始,鳌山灯(古时元宵节灯会的大型灯组,其规模不亚于恢宏的楼宇,是花灯与烟火的结合,可谓"灯族之王"。)成为主要灯景之一。虽然这样的盛景已经很难想象了,但更令人瞠目结舌的,是宋代的元宵灯会。

皇帝赐酒,官员买市,百姓点灯、约会,宋代的元宵胜过年

随着社会经济文化的进一步发展,到了宋代,元宵节更为盛大。最开始,宋代延续唐玄宗的例子,在元宵放假三天,但是到了宋神宗时,已经觉得三天法定假期远远达不到需求了,于是,大方地延长到七天。

与此同时，元宵灯会的规模自然也必须要成倍增长啊！《东京梦华录》载："山楼上下，灯烛有数十万盏。"看吧，灯的数量已经比唐朝多了一倍。至于张灯的时间则足足有五日，也就是从唐代正月十四到正月十六的基础上，又延续了两天，一直到正月十八。另外，自头年岁末起，都城汴梁就要开始搭建彩棚。彩棚又叫山棚，其上会挂满灯烛，还有各类游龙、菩萨、百戏人物造型等。待到开灯夜点亮，一时间全城沸腾。

　　如果说初唐的宵禁解除给了人们宣泄、释放的一个出口，从而引发了一场全民狂欢，那么到了中唐以后，以至宋代时期，元宵节的出游更是让青年男女有了寻找意中人的契机。这样的一个插曲也成为元宵节最重要的感情基调。"众里寻他千百度，蓦然回首，那人却在灯火阑珊处。"多么含蓄。"去年元夜时，花市灯如昼。月上柳梢头，人约黄昏后"平实直白。男男女女在上元灯节相遇、相识，甚至相约，个中滋味，撩拨心弦。

　　各种千奇百怪的灯也在那个时代开始流行。龙灯、凤灯、鱼灯、兔子灯、走马灯等等，不仅可以观灯，还悄悄兴起了猜灯谜的小游戏，这是后话。

　　宋徽宗时期，皇帝还在皇城端门摆出御酒，名"金瓯酒"，无论是谁，都可以来此受赐御酒一杯。曾有一名女子游兴赏灯后，便到端门前将一杯金瓯酒一饮而尽，还顺手牵羊地将一只金酒杯塞进怀里。巡查的禁军发现后，将其押送至徽宗跟前问个究竟。她竟毫无惧色，说道，"夫君平日管得严，我今天喝了

酒，回去会让夫君不高兴。我带个金酒杯做物证，夫君便不能怪罪了。"宋徽宗听后也很高兴，不仅没治罪于她，还命侍卫送她回家。

民间放灯一直受到宋政府的鼓励，尤其在南宋时期，官府还会在元宵节给市民派发利是。不仅表演的歌舞队能够拿到赏钱，临安政府甚至还差人挨家挨户地去问，点灯的油烛是否够用？若是不够，还可以去官府指定的地方领取，可以说是非常贴心了！在正月十八落灯之夜，临安的府尹大人要出街游兴，跟随其后的"吏魁"跟在小轿后，背着一个大布袋，里面装着"会子"（纸币）。但凡遇上商民，便会派钱数十文，祝福大家生意兴隆，这叫作"买市"。

皇帝赏御酒，官员变身"财神爷"，百姓点灯有钱拿，情人幽会没人管……这样的元宵，你说嗨不嗨！

元代：没有假期，但并不影响观灯

元代统治者是在马背上打下的天下，对汉民族长久以来的安逸浪漫生活有点"欣赏乏力"，于是，粗暴地将节假日大幅缩短，全年假期也只有区区十六天，而元宵的假期更是一天不剩。

带薪假期是没了，却不影响民间自得其乐。元大都的市民自正月十三开始张灯，连张三日，至正月十六结束。这三日间，不仅百姓家中，就是不提倡过节的官府和宫廷也都是彩灯高挂。

更有稀奇的事情：元大都丽正门外有一棵树，被元世祖忽必烈赐名为"独树将军"。到了元宵节这一日，"独树将军"摇身一变，挂满了各种好看的花灯，远远望去，像一条火龙。在它旁边，摆满了元朝人喜爱的枣面糕、米甜食、蔗饼、酒肉灯，甚至还用精美的容器承载，好似元代版的"圣诞树"惹人爱。元朝虽然很吝啬假期，但元世祖自己却很爱花灯，甚至还亲自做过珍珠垂结灯。元武宗还曾在元宵节命人在大明殿内延春阁前张灯，蔚为壮观。

元代词人马致远就曾写道："春城春宵无价，照星桥火树银花。妙舞清歌最是他，翡翠坡前那人家，鳌山下。"说明元代的大都也有搭鳌山灯之俗。

元代的女孩子也很爱元宵，她们若是有一些小心愿，就都挂在正月十六的绳结上了。这是她们的小秘密，叫"结羊肠"。就是拿旧黄历纸，捻成九条纸绳。姑娘们一边聊着天，一边把这些纸绳随意打结，让它们首尾相接，最后以打结的状况来预测一年的顺与不顺。如果两条绳子打成了一对，则预示心愿将实现。

明代：开启史上最长元宵假期

随着历史的推进，元宵灯节愈演愈烈，到了明中期，元宵节的市井味道更浓，节日气氛也更胜。明永乐年间，元宵节已经开始放十天超长假，简直就是一个加强版的黄金周。北方以京城为代表，东华门外，灯市如昼，热闹非凡。据《万历野获编》记载："永乐七年正月十一日钦奉太宗文皇帝圣旨……朕即位以来，务遵成法，如今风调雨顺，军民乐业。今年上元节正

月十一日至二十日这几日，官人每都与节假，着他闲暇休息，不奏事……"后来，灯节假期又调整到正月初八至正月十七，这十天里，皇帝不上朝，官员不上班，夜晚不闭户。除了观灯，还有一些游行活动：舞龙舞狮、踩高跷、杂耍等，放烟花也是必不可少的。人们倾巢出动，尽情享受着这绚丽多姿的夜生活。

有了灯节，自然便有灯市。灯市，是指跟张灯有关的市场。灯市从早开到晚，到了晚上，灯便亮了起来，人流又从灯市涌入灯会去。在世间万千灯光的映衬下，灯市一带"光影五色，照人无妍媸，烟罩尘笼，月不得明，露不得下。"

灯节发展到唐宋时期已经非常繁盛，到了明清，其灯会虽然从规模上不及前朝，但可以从时间上取胜啊！再加之灯具品类更多，灯会设计更精巧，也是十分有看点了。

明代的时候，观灯与灯市同在一处。明《宛署杂记》记载："每年正月初十日起至十六日止，结灯者，各持所有，货于东安门外迤北大街，名曰灯市。"明代《燕都游览志》又曰："灯市在东华门王府街东，崇文街西，亘二里许……市自正月初八日起，至十八日始罢。"

这灯市，就位于现北京东单以北的灯市口一带。明代灯市，灯贾大小以几千计，灯多寡以几万计。"自大内两宫与东西两宫及秉刑、司礼、世勋、现戚、文武百僚，莫不挟重赀往以买之。多寡角胜负，百两一架、廿两一对者比比。灯之贵重华美，人工天致，必极尘世所未有、时年所未经目者，若稍稍随俗无奇，

不敢出世。"这说明,买灯的有皇亲国戚,文武百官,有二十两一盏的,有百两一盏的,为了一盏花灯,大有人一掷千金。这也难免落下个"炫富"之嫌。

对于穷苦老百姓而言,花二十两买一盏花灯就够他们吃一年了!富贵人家炫灯,普通人家虽买不起奢华款,也是要意思一下的。比如京郊乡下人就在正月十一日至十六日,用秫秆布置起灯阵,设置时需"筑场数亩","中盘旋可十余里",人们进入,稍不小心就会迷路,这种灯被称为"黄河九曲灯"。汪沆的《津门杂事诗》就对这种元宵灯阵有详细的描述:"河东河北结长缠,连臂来看草把灯。绕尽黄河刚九曲,蚝脂焰吐一层层。"

南方,则以杭州的灯会最为热闹。明人张瀚说"若民俗最盛于杭"(《松窗梦语》)。元宵节前,灯市已经开放,出售各色花灯自不必说,稀奇的是,在京师之地外,也有了琉璃球、云母屏、水晶帘、玻璃灯之类的"高端货"。张岱在《陶庵梦忆》中渲染了这样的氛围:"山无不灯,灯无不席,席无不人,人无不歌唱鼓吹。男女看灯者,一入庙门,头不得顾,踵不得旋,只可随势潮上潮下,不知去落何所,有听之而已。"

清代:琉璃厂灯市尤甚

到了清代,宫廷里已经不再办灯会,但民间的灯会依然延续,虽然日期缩减至5天,但依然热闹。在清代,元宵灯会还

添了一种特殊的灯品——冰灯,是由满人从关外带来的。而在南方地区,元宵灯会则延续了往日的格调,其中,又以苏州灯会最为出彩。"灯彩遍张,不见天日"。这段《清嘉录》里的描绘,可一窥当时吴地灯节的盛况。

那么京城情况如何呢?张灯的地方不仅仅在灯市口,而是往更繁华地带的方向挪了挪。清初潘荣陛《帝京岁时纪胜》记载:"悬灯胜处,则正阳门之东月城下、打磨厂、西河沿、廊房巷、大栅栏为最。"可不就是现在的前门、地安门一带吗?!至于灯市,在清代,灯市和张灯的地方已经分开,琉璃厂"百货云集,灯屏琉璃,万盏棚悬。"灯市卖点什么呢?书画、杂货、时果、耍具，应有尽有，和如今琉璃厂的风格也差不多。自正月初三四，一直摆摊到正月十六七，游人如织，名曰"逛厂"。

一场声势浩大的现代灯会

犹记得上世纪八九十年代，城市里的公园在元宵期间举办的游园灯会。记忆中，有各种宫灯，各种绘着仕女、人物、花鸟虫鱼、吉祥花卉的灯笼，还有各种巨大造型的灯种。比如，1990年北京亚运会那年，就有熊猫盼盼造型的花灯。也有一些我们耳熟能详的经典故事造型的花灯，如猴子捞月、三打白骨精等。接踵摩肩的人群中，人们开怀地笑。对于大人小孩来说，元宵灯会都是十分有趣的。只是在这般繁华热闹中，观灯的人心里还藏着许多岁月静好吧。

当传统花灯文化与现代灯光秀相遇，一场美轮美奂的高科技元宵灯会便孕育而生了。

最火爆的当数2019年，农历己亥年的"紫禁城上元之夜"。这是故宫博物院建院94年来首次在正月十五夜举办灯会，也是故宫首次在晚间对公众开放。这场灯会通过灯光照明和灯光布景，点亮了紫禁城的午门雁翅楼、太和门、东南角楼、东华门、东北角楼、神武门等处；而故宫也是实力宠粉，设计的赏灯线路也绝对高端：可登城墙，用"上帝的视觉"俯瞰整座紫禁城。这场灯会，见不到一盏灯，却用高科技的光，配合高水准的音乐演奏，为观众营造出一个绝美上元夜。

"秦淮灯彩甲天下"

始于六朝初年的秦淮灯会是我国持续时间最长、参与人数最多，规模最大的民俗灯会，又称金陵灯会、夫子庙灯会。

1600多年前，六朝都城建康（今南京）的元宵之夜，华灯齐放，秦淮河上灯火氤氲，恍若白昼。历经隋唐、五代、宋元的发展，到了明代，南京的元宵灯会迎来高潮。朱元璋、朱棣父子是元宵灯会的"死忠粉"。朱元璋时期，不仅将灯节延长到了十天，更是下令在秦淮河上投放万盏水灯，使得秦淮河上流光溢彩，满池明灭。可以想象，彼时的南京城，每逢元宵，全城灯火辉煌，花灯锦绣，鼓乐喧嚣，昼夜同欢。

"明灯初试九微悬，瑶馆春归不夜天"。

上世纪八十年代，在中断多年之后，一年一届的秦淮灯会恢复举办；2006年5月20日，秦淮灯会经国务院批准，被列入中国首批国家非物质文化遗产名录。桨声灯影里的秦淮河，我们又得以重见。

看自贡灯，过中国年

四川自贡从唐宋起，就有新年燃灯、元宵张灯的习俗，新

年和元宵燃灯张灯期间,民间杂技、杂耍等表演活动丰富多彩。陆游曾在其《沁园春》一词中写道:"一别秦楼,转眼新春,又近放灯"。到清代,自贡已经有了"狮灯场市""灯竿节",上世纪初又发展出了提灯会,更有放天灯、舞龙灯、戏狮灯、闹花灯等活动。

1987年元月,第一届自贡恐龙灯会开幕,经过30多年的发展,如今,四川自贡灯会以其壮观的气势、宏达的规模、别致精巧的造型、独特的艺术魅力轰动神州,名扬四海,赢得了"天下第一灯"的美誉。自贡也成为名副其实的"南国灯城"。2008年,自贡灯会入选国家第二批非物质文化遗产。如今,自贡灯会已经成为自贡的城市名片之一。自贡彩灯汲取了中华传统文化的精髓,以中国戏曲典故、民风民俗、诗词歌赋、人文建筑等为题材,走出自贡,走出国门,成为独具特色的中国文化符号。

月圆之夜,以灯为俗。有了灯,便有了光亮;有了各种各样的绘灯,就可听林林总总的故事。无论是过去的仕女云集,童稚欢呼,万民出动,赏月观灯;还是当今的相约奔赴一场声光电的视觉盛宴,这样热闹的场面,终不负元宵佳节的一场美意。

送花灯,要添丁

花灯不仅好看,更有"添丁"之说。于是,在赏花灯之余,

民间还多了一个送花灯的习俗。送花灯,又叫送孩儿灯,也叫送灯,是元宵节一项古老的传统民俗。因"灯"与"丁"谐音,在我国很多地方,皆有元宵送灯之俗。如此一来,花灯便成了老百姓心中的祈子吉祥物。而元宵节的挂灯仪式、妇女观灯等等多多少少都含有祈子得子的隐喻。

挂灯仪式一般在元宵节之前。在过去,若是见到谁家门口挂出了灯笼,那么你一定要去恭喜这家人在去岁得子。不过,人家挂灯可不是为了炫耀,一是为了庆祝,二则也是希望再接再厉,继续添丁之喜。

还没有生育的新婚家庭呢?娘家人已经帮他们想好了。在元宵节前,娘家人将花灯送到新嫁的女人家,以求一个添丁吉兆。古时长安,送灯仪式一般在正月初八到正月十五期间举行:在女儿新婚头年,要送宫灯一对,彩画玻璃灯一对,希望女儿女婿吉星高照,早生贵子;若女儿如愿怀孕,则还要送一两对小灯笼,祈求孕期平安。

如今,在我国许多地方还保留有元宵送灯的习俗。比如在海南文昌的村子,就有家家户户挂纸灯笼,杀鸡宰羊祭拜祖先,然后全村人敲锣打鼓举行"送灯"仪式。文昌人在自己亲手糊制的灯上写满大大小小的"福""囍""连生贵子"等吉祥话,就是祈福来年添丁发财,吉星高照。

可送的花灯类型也有很多,有人说,要送莲花灯给女孩子,希望她越来越美;要送绵羊灯给心上人,希望他更加体贴;要

送关刀灯给孩子,希望他能武;若是希望他长大后有文采,则要送一盏状元骑马灯。

在一些地方,送花灯还是一种特别的祭祀方式。正月十五夜,为逝去的亲人点上一盏灯,灯芯暖暖,意为送去温暖,送去光明。这倒是颇有一点中元节放河灯的感觉,都是为了寄托哀思,为逝者祈祷,为生者祈福。

灯谜藏有几多趣

除了看花灯,元宵灯会上还有一项烧脑的游戏——猜灯谜。猜灯谜在我国有着悠久的历史,最早流行于南宋时期。经过几千年的发展,灯谜已经成为重要的元宵习俗。

上世纪八九十年代的元宵节,公园、学校,一些大企业都会举行规模不一的元宵庆祝活动。不一定都能观灯,但基本上都有游园活动。而游园活动最重要的一项就是猜灯谜。这些灯谜被放置在一个密封的盒子里,猜谜者伸手进去随意摸出一个,猜中谜底的便可去兑奖台换取小礼品一份。有趣,有奖,还能长知识,自然颇受男女老少的喜爱。

其实,这种要法按照严格意义来说,还不能叫作灯谜。灯谜灯谜,挂在花灯上的才叫灯谜,所以叫谜语更为合适。但是因为是在元宵灯节上玩的猜谜语,姑且也叫作灯谜吧。因为猜灯谜活动的流行,在那个年代,还出现了许许多多的谜语书集合的多是通俗易懂的民间谜语,适合少年儿童,因而又叫作儿童谜语。那么历史上的灯谜到底有多烧脑呢?

宋代大行其道,明清最为鼎盛

前几年大热的电视剧《女医明妃传》中,就有一场皇帝拉着允贤猜灯谜的戏。

"猜灯谜咯,猜中有奖。"所有的谜面,写在一条长长的红纸上,被系于五彩花灯上,允贤随便拉着一条看,便被难住了!"孔雀收屏——打一古人名。"还是皇帝脑子转得快,他扯下谜条,说道:"不就是关羽嘛!"之后皇帝连连命中,不仅允贤很是尴尬,灯谜老板也是心里打鼓。大概是在想,这下会输得很惨吧!

《女医明妃传》是根据历史人物事件改编，以明正统和景泰二帝两度皇权交替的历史为背景，讲述了女医谭允贤悬壶济世，最终成为一代女国医的故事。在这场元宵灯会的戏份中，可以一窥明代灯节的繁华，猜射灯谜的流行。

灯谜，又称文虎；猜灯谜，亦称打虎、弹壁灯、商灯、射、解、拆等，但人们都习惯用"灯谜"一称。灯谜是中国古代劳动人民智慧的结晶，是中国传统文化的一门综合性艺术。

早在夏代，已经出现了一种用暗示来描述某种事物的歌谣，春秋战国时期演变为"瘦辞"（又称隐语）。这些瘦辞往往在说客进谏时派上用场。《国语·晋语》记载："有秦客瘦辞于朝，大夫莫之能对也。"话里有话，不在明面提，当时的"瘦辞"成为后来灯谜的雏形。秦汉时，灯谜则成为一种书面创作；三国时期，猜谜开始流行。而猜灯谜的大流行，则是在宋代。

自宋代始，城市里出现了商业性的娱乐场所，称为瓦舍。瓦舍里有一些演出场所，叫作勾栏。这样一些游乐场所的兴起，给灯谜的发展创作了物质条件。宋代的文人雅士在茶余饭后，对原本就是民间流传的口谜，进行文学加工，当时不少文化人都成了制谜高手。他们更是在元宵夜掌灯之时，将谜条挂于花灯上，让过往行人加入猜谜大军，共襄一场文化盛宴。至此，灯谜才算真正被正名。

南宋周密《武林旧事》卷二"灯品"中记载："又有以绢灯剪写诗词，时寓讥笑，及画人物，藏头隐语，及旧京诨语，戏弄行人。"意思是说，用谜语来找人做游戏。如果说看花灯满足了人们的审美需求、情感需求，逛灯市则满足了人们的购物需求，那么猜灯谜满足的是人们的娱乐需求。

到了明代，猜灯谜活动更为成熟多样。明张岱的《陶庵梦忆》卷六"绍兴灯景"条记述："十字街搭木棚，挂大灯一，俗曰呆灯，画《四书》《千家诗》故事，或写灯谜，环立猜射之。"清朝中叶，灯谜之俗更是大盛，涌现出了不少谜师。清光绪年间的《嘉定县志》记述："好事者或为藏头诗句，悬杂物于几，任人商揣，曰灯谜，亦曰弹壁灯。揣着者，其物听其取去。"这里的好事者，我以为就是那些谜师。多亏了他们"好事"，这种节令游戏得以广为流传。

如何成为一名"灯谜达人"？

灯谜难吗？《女医明妃传》里的那几个灯谜，其实有点"小儿科。"灯谜游戏，既为一种游戏，肯定就有输有赢。灯谜老板为了让大家猜不中，也是颇费了一番功夫。

灯谜一般由三部分组成，即谜面、谜目和谜底，也称灯谜三要素。灯谜利用汉语字词多意的特点，不把谜面作原意解释，从而得出别样的意思。所谓"谜贵别解"，别解方显谜味。在灯谜中凡是谜面上有的字，在谜底中不能再出现，否则称为"露春"，是灯谜之忌。

　　灯谜难猜吗?其实掌握了方法,也不见得。比如,有的是单纯的字谜,需要用某个字拆开又巧妙的组合,如:"你一半,我一半",答案是"伐"。这是后人总结的离合法;有的属于"偷天换日"型,需要把某个字的一部分去掉,用另一个字的一部分换进去,如"一口吃掉牛尾巴——告",这属于置换法;另一种好玩的会意法灯谜,如"风平浪静猜一地名——宁波。"灯谜和现代谜语是一样的,有多种类别:字谜、动物谜语、经典谜语、成语、儿童谜语等等。可以这么说,古时要做一名"灯谜达人",需得是上知天文下知地理,经史辞赋无一不通之人。

　　明代的元宵节期间,西湖边都要举行灯谜会。某一年,画家徐文长随观灯人群也到西湖,却见一群人围着一盏大红灯争论不休。这盏灯上有一灯联:"白蛇过江,头顶一轮红日。"打一日常用物,并用一谜对出下联。徐文长作答:"乌龙上壁,身披万点金星。"如果灯谜是自民间发展起来的小游戏,那么灯联,就是文人擅长并热衷的文学艺术了。那么这两个灯谜你猜出来了吗?是油灯和杆秤。

　　张灯悬谜,过去的灯会就像一场古代版的"汉字大会""成语大会""一站到底"……只是,这样的猜谜是没有门槛的,人人都可参与,人人都能在其中找到乐子。

好玩又好笑的民俗

吃元宵、观灯、猜灯谜，虽然是元宵节的核心习俗，但在它们成为元宵节主打项目之前，还有一些习俗不可忽视。这些习俗虽已消失，在今人看来，似乎还有那么一些可笑，但在蚕桑兴则百事兴的年代，这些事情却被老百姓视为头等大事。

祭门户

魏晋时期，元宵节有一项重要的习俗——祭门户。先要在左右门户插上水杨枝，风一吹，杨树枝便随风飘动。它指向哪个方向，就要朝着哪个方向，用酒肉以及插上筷子的豆粥、糕饼等来祭祀。而这豆粥上还会加上油脂，这在《荆楚岁时记》中就有详细记载。如此祭祀风俗，被称作"望日祭门"。

为什么要祭祀门户呢？《齐谐记》曰："正月半，有神降陈氏之宅，云是蚕室，若能见祭，当令蚕桑百倍。"就是说正月十五，有位神仙降临到以养蚕为业的陈氏家宅，说："若能好好

祭祀我，会让你的蚕桑百倍增长。"在《续齐谐记》中更是记载，正月十五日，吴县居民张成起夜时，看见自家东南角立有一妇人。那妇人说："我是这里的地方神，明年的今天，若你能煮碗白米粥，再盖上一些肉脂来祭祀我，我定会使你家蚕业兴隆。"张成听罢，于次年正月十五果真如此操办，从此养蚕无不丰收！他的故事一传十十传百，人人效仿，后来便成了百姓们元宵节遵循的习俗。

逐鼠、迎紫姑

《荆楚岁时记》另有一段关于"上元事考"逐鼠的记载:"世人正月半作粥祷之,加肉覆其上,登屋食之,咒曰:'登高糜,挟鼠脑,欲来不来?待我三蚕老!'则是为蚕逐鼠矣。"意思是,元宵节念咒语逐鼠亦是为了蚕事。愿老鼠不再来吃蚕,蚕业能够兴旺。

元宵节祭祀神仙,驱除老鼠的习俗还能够理解,但是迎紫姑的故事则有点令人费解了。

迎紫姑的习俗源于南北朝时期。《荆楚岁时记》的注引南北朝时期《齐谐记》曰:"正月半……州里风俗,是日祀门户。"这里所说的"祀门户",就是特指祭祀紫姑。《荆楚岁时记》也有相关记载:"正月十五日,作豆糜,加油膏其上,以祀门户。其夕,迎紫姑,以卜将来蚕桑,并占众事。"

紫姑是谁?仙女、豪门大户女儿?非也!按照古书中的记载,紫姑出身不高,乃是一小门小户的小妾,家庭地位极低。偏又遭正房夫人的嫉妒,于某年正月十五被气死。世人同情她,便做其形在正月十五迎接她。因为紫姑本就是劳苦大众的代表,在设计迎紫姑的环节中,便把这迎接场所设置在了厕所或者猪栏旁,还要置办破衣裳。迎接她的时候,还要念咒:"子胥(紫姑丈夫之名)不在,曹夫人(即其大妇)已行,小姑可出。"意思是说:你丈夫和大夫人都走了,你可以出来了。这个时候,

若是手中代表紫姑形象的物件变重了,就代表紫姑来了。据说,如果成功迎来紫姑神,就可以保佑家庭富足,特别是养蚕顺利。

出身卑微,又受人欺凌,这个紫姑确实命不太好。但既然摇身一变成了神仙,却还要委身于厕所,这样的逻辑放到如今不知道算不算个"神逻辑"?难怪唐代大诗人李商隐也瞧不上这等事儿,某一年元宵,李商隐遗憾于没有赶上长安灯会,郁闷在《正月十五夜闻京有灯恨不得观》中写道:"月色灯光满帝都,香车宝辇隘通衢。身闲不睹中兴盛,羞逐乡人赛紫姑。"也就是说,在唐代,只有乡下人还有迎紫姑的旧俗,在繁华大都市长安怕是已不多见了。

当然,另一方面也说明,在蚕业关乎百姓生活的魏晋南北朝时期，这些习俗皆反映了百姓期望蚕业丰收的美好愿望。

走百病走出一个康健

"一年明月打头圆"，元宵过后的第一个月圆之夜，迎春的气氛也正是热烈。都说一年之计在于春，如今，都提倡要在春天适度运动，感受大地回暖，让身体从冬日的困顿中苏醒过来。在现代人看来，这是十分平常的事情。但在过去，对于久居深闺的女性而言，就极具仪式感了。明清时期，流行这样一项元宵习俗：妇女们要在正月十五或者十六，抛开家务杂事，相约出游，逢桥必过，这样能祛除百病。这种仪式叫作"走百病"，又称为"遛百病""游百病""散百病""烤百病"等。

"元宵踏月月如银，士子焚香拜圣人。道遇女郎走百病，南关灯火一时新。"明朝大臣范景文是河间府吴桥人（今属河北），这首诗客观描述了万历年间，吴桥的元宵即景。

京城也有走百病之俗。明万历年间成书的《广志绎》中就提到："都人好游，妇女尤甚。每岁，元旦则拜节。十六过桥走百病，灯光彻夜。元宵灯市，高楼珠翠，毂击肩摩。"我们重点看走百病的环节。作者说到，"妇女尤甚"，说明走百病的参与者大多是妇人；"十六过桥"，说明时间是在正月十六，须得过桥；"灯光彻夜"，也就是说有可能要玩到深夜方才作罢。据说，北京的走百病是一定要走过桥的，方可起到消灾祛病的功效。

到了清代，北京的妇人还要到前门（一说正阳门）去摸门上的钉子。"钉"和"丁"谐音，可想而知，这摸门钉定与求子有关。

明代刘侗、于奕正同撰的历史地理著作《帝京景物略》里面另有一种说法："集东华门外，曰灯市。贵贱相沓，贫富相易贸，人物齐矣。妇女着白绫衫，队而宵行，谓无腰腿诸疾，曰走桥。至城各门，手暗触钉，谓男子祥，曰摸钉儿。"这里的摸门钉是为了祈求家中男子安康。

那么其他地方呢？以山东清河为背景地的《金瓶梅》中说：

正月十六的夜里,李瓶儿、潘金莲等人带着一群仆人丫头到街上观灯,就是所谓的"走百病"。明谢肇淛所著的随笔札记《五杂俎》中也曾说过:"齐、鲁人多以正月十六日游寺观,谓之'走百病'。"这说明,明朝时,走百病之俗在北方地区尤为盛行。后来,这风俗也扩散到了南方。

"元宵踏月闹春街,同走三桥笑坠钗。一路看灯归去晚,却嫌露湿牡丹鞋。"这是一首上海的竹枝词。在江南地区,走百病也称作走三桥。清代《清嘉录》有解释:"元夕,妇女相率宵行,以却疾病,必历三桥而止,谓之走三桥。"更为有趣的是,上海因为地处江南,河道多,桥也多,妇女们不仅要走三桥,还要挑寓意更好的桥去走。比如,益庆桥、长生桥、如意桥就颇受青睐。

明代江苏吴江的周用写了一首《走百病行》:"都城灯市由来盛,大家小家同节令。诸姨新妇及小姑,相约梳妆走百病。俗言此夜鬼穴空,百病尽归尘土中。不然今年且多病,臂枯眼暗兼头风。踏穿街头双绣履,胜饮医方二钟水。谁家老妇不出门,折足蹒跚曲房里。今年走健如去年,更期明年天有缘。蕲州艾叶一寸火,只向他人肉上然。年同伴今希有,几人可卜明年走。长安主人肯居停,寂寂关门笑后生。但愿中秋不见月,博得元宵雨打灯。"可见,走百病的有年轻妹子,也有蹒跚老妇。他们成群结队,点着艾叶香去走桥。妇女们对走桥有着特殊的"执念":即便走烂了一双鞋,也觉得比医生开药好。

走百病之俗,除了祈求消病消灾外,当然也有不少妹子是藏有私心的——女子们可趁机出来玩一玩。蕲州张宿《走百病》就说得很直白了:"白绫衫照月光殊,走过桥来百病无。再过前门钉触手,一行直得一年娱。"所谓元宵行乐,是一年一次的娱乐活动,你说她们高兴不高兴?

女人们在走桥,那么男人们在干什么呢?我们再去看范景文那首诗:"士子焚香拜圣人"。原来,读书人要去文庙烧香祈福。身体健康,文运也通达,这一年自然没有什么不好的了。

时至今日,虽然很多人都已经不知道"走百病、摸门钉"的习俗,但其实类似的习俗还是可以见到的。比如我国东北地区,整个冬季都会被大雪覆盖。到了正月十五,基本上也就进入数九天的尾声了。俗话说:"七九八九,河岸观柳。"春水初融,天气放晴,人们走出户外,享受早春的阳光,舒展舒展筋骨,对身心都格外有益。这是不是跟走百病有异曲同工之妙呢?说到底,"走百病"还是重在一个"走"字嘛!

第三章
「闹」元宵：一场中国式狂欢

如果说元宵的民俗中尚包含有求平安、求子、兴蚕桑等内涵，那么由民俗衍生出来的一系列元宵节庆活动，则是一场彻头彻尾的狂欢。

说是狂欢，着重在一个"欢"字上。既然闹得欢，难免有时候会闹出一些不大不小的"出格事"，好在都无伤大雅。因此，一年又一年，这闹元宵也就渐渐升级，张灯结彩、大放焰火、百戏表演轮番上演，掀起后春节时期的娱乐高潮，最终形成一场盛大的中国式狂欢。

一个"闹"字，就将元宵节的气氛渲染得淋漓尽致。这一个"闹"字，不仅仅是华灯初上、火树银花的热闹，更是中国人对生活最热烈的表达。人们看到了元宵的灯火，更看到了欢乐的、美好的、自由的、浪漫的光亮。

闹元宵，祖先是这样防范隐患的

闹元宵，闹元宵，首先就是要闹花灯。闹花灯，其实就是前文所说的元宵夜观灯。"闹花灯"的"闹"，包括前文已经描述过的热闹、盛大之意，除此之外，大概还有一些小闹剧。总之，元宵闹花灯，无闹不成欢。

元宵灯节人人欢，唯有消防人员很头疼

自唐代起，如此盛大规模的灯节，杜绝安全隐患可谓重中之重。先不说其他的，光是消防就很让人头疼。明永乐年间尚未迁都时，会在午门设置"鳌山灯"（鳌山灯取材于神话传说，乃是将神话中的仙景力图以灯的形式再现的典型。）千百盏灯堆叠起来，多至十三层，蔚为壮观；而且百姓也可进入这片平日的禁地与皇帝共同赏灯。看灯的是高兴了，问题却接踵而来了。

比如明永乐十三年（1415年），南京的鳌山灯引起火灾，烧死许多人；明正德九年（1514年）的正月十六，宫中存放的

火药起火，大火延烧开来，乾清宫、坤宁宫都被波及。明武宗躲了起来，看着远处的熊熊大火，竟没心没肺地开起玩笑："好一棚大烟火也！"明万历年间，福建的灯节引起了大火，千余人家受灾，从那以后，当地官府开始禁止彩棚和鳌山灯了。

天干物燥，必得小心火烛。千家万户都要燃放烟花，点灯庆祝，稍微大意，就会给消防工作带来极大的麻烦。这一点，宋朝就做得比较好。学者吴钩曾对宋代的消防做过一番分析："宋朝已建立了一套比较完备的消防制度，一百多万人口的杭州城配置有五六千名专职的消防官兵。每二三百步设一个巡查火警的哨岗，作为城市制高点的望火楼也是日夜有人值班瞭望，一旦发现哪处起火，立即拉响警报，附近的消防队很快出动救火。"元宵放灯期间，宋朝廷也会格外留意火警，"分委府僚巡警风烛"。

一不小心，孩子走丢了

除了频频拉响的火警，在上元灯节，儿童走失的案例也不少见。《红楼梦》第一回《甄士隐梦幻识通灵 贾雨村风尘怀闺秀》就写到了一次元宵节，改变了一个叫"英莲"的小姑娘的命运。"真是闲处光阴易过，倏忽又是元宵佳节。士隐令家人霍启抱了英莲，去看社火花灯，半夜中，霍启因要小解，便将英莲放在一家门槛上坐着。待他小解完了来抱时，哪有英莲的踪影？"闹元

宵百家欢,可英莲却丢失了。

人潮涌动,接踵摩肩,小孩子生性好动,走失也是极其容易的事。这里,不得不又要对大宋提出表扬。他们为了防止孩子丢失,想出了一个妙招:每一坊的巷口,在没有乐棚(古时艺人表演歌舞、戏剧的棚帐。)的地方,多设几处"小影观棚子",里面放着皮影戏,吸引小孩子来观看。宋《东京梦华录》就说:"每一坊巷口,无乐棚去处,多设小影观棚子,以防本坊游人小儿相失,以引聚之"。另一方面,宋朝政府还加强了元宵夜的巡逻,还在人多的地方,点巨烛、松柴照路,亮如白昼。宣德楼下,更是戒备森严,"两边皆禁卫排立"。可以说,为了让百姓们尽兴地闹元宵，宋朝政府可谓大费周章，十分尽心了！

但是到了明清两代，这待遇就降级了。学者吴钩说，"明弘治年间，朝廷甚至还令两京并各州府严禁妇女元宵夜游；清嘉庆年间，也有大臣提出查禁上元夜'男女交路，而瓜李无嫌'的'狂荡'行为；元代更是干脆禁止民间元宵放灯。生活在元朝的宋遗民刘辰翁，只能通过对故国元宵花灯的回忆来排遣愁怀：'不是重看灯，重见河边女。长是蛾儿作队行，路转风吹去。十载废元宵，满耳番腔鼓。欲识尊前太守谁，起向尊前舞。'"

又是走丢孩子，又是火灾频频，还有寻衅滋事，甚至刑事犯罪……不过，这丝毫不能阻止人们对闹元宵的兴趣和热忱。该怎么闹还怎么闹，谁让它是一年一度的狂欢节呢！

放烟火、耍百戏，民间表演可劲闹

闹元宵，闹元宵，就是要使劲闹。各种阳春白雪、下里巴人的文艺活动都可以走起来了！在民间，从过年就开始玩起的舞狮舞龙、踩高跷、划旱船、扭秧歌、打太平鼓等表演，在元宵集市上都能见到。这些长盛不衰的节目，如今在海外华人聚居地也十分流行，为节日增添了不少色彩。

在古代，民间闹元宵的方式更是多种多样，很多如今我们还在玩的项目，也是从前流传下来的。烟火、舞蹈、歌戏、杂耍、傀儡戏……说是耍百戏，其实哪里才百种呢？

东风夜放花千树,烟火还要看元宵

中国人最是爱热闹,春节可谓占尽了热闹中的热闹。元宵连春节,这份热闹劲儿更是有增无减,一些春节期间还没有玩够的,没有看腻的,元宵节继续闹腾!

元宵之夜,万盏明灯点亮人间,那么天上的热闹呢?自然也是少不得一分的。如今的元宵节,为了营造节日氛围,一些

城市会在上空飞起数百架无人机，以无人机的灯光和造型为元宵天空增色。而在唐宋明清，一场盛大的烟火秀表演正在上演。

宋末元初的《武林旧事·元夕》记载："宫漏即深，始宣放烟火百余架。于是乐声四起，烛影纵横，而驾始还矣。"可见，就是宫中也是流行放烟火这样的活动的。清《燕京岁时记》记载："花炮棚子制造各色烟火，竞巧争奇，有盒子、花盆、烟火杆子、线穿牡丹、水浇莲、金盘落月、葡萄架、旂火、二踢脚、飞天十响、五鬼闹判儿、八角子、炮打襄阳城、匣炮、天地灯名目。富室豪门，争相购买，银花火树，光彩照人，车马喧阗，笙歌聒耳。"瞧瞧，这些烟花的种类就是现代人也不一定都赏玩过，而购买烟火也成为当时豪门阶层的时兴玩法。元宵没有放过两把烟火，还好意思说自己是"中产"吗？

即便是传说中端着范儿的皇帝，也是抵挡不住元宵烟火的诱惑。唐宋两朝的皇帝喜欢溜出宫去看花灯，清朝的皇帝则留在圆明园细赏烟火。据说，乾隆皇帝就会在上元节前后五日，在圆明园西南门内的山高水长楼观看烟火。不管是"火树银花合"，还是"东风夜放花千树"，这烟火，这灯火，浓烈到分不开彼此，天上人间，乐在元宵。

歌舞百戏者，元宵群演相

上元灯节，灯和烟火是主角，灯节催生了很多热闹的表演，自春节开始流行的舞龙舞狮自不必说，另有闹社火、踩高跷、跑旱船、杂技、歌舞表演等，统称为"百戏"。参与表演百戏的人和观百戏的人，成为闹元宵这场盛大活动的群演，因为有了他们的参与，这元宵的狂欢气氛就更加浓烈了。

百戏的演出，自隋代起就有。《隋书·柳彧传》中说过，一名以正直著称的大臣柳彧十分看不惯元宵节这等"闹事儿"，"窃见京邑，爰及外州，每以正月望夜，充街塞陌，聚戏朋游。鸣鼓聒天，燎炬照地，人戴兽面，男为女服，倡优杂技，诡状异形……广幕陵云，袨服靓妆，车马填噎。肴醑肆陈，丝竹繁会，竭赀破产，竞此一时。尽室并孥，无问贵贱，男女混杂，缁素不分。"意思就是说，正月十五夜，锣鼓喧天，人人戴着面具，组团狂欢。穿着华服，扮上靓妆，有百戏演出，男女相约……用当时的眼光看来，就像是一场古代版的行为艺术。

这里面提到的"人戴兽面"，应是一种重要的百戏形式：闹社火。社火，起源于南北朝时期，原为村社迎神的杂戏，那时的祭祀活动也叫"射虎"，意思就是以正压邪，让人畜平安。村民们将平时准备的节目编成顺序，各自扮演不同的角色，穿街过村。到后来，"射虎"慢慢地就演绎成了"社火"。社火也慢慢加入娱乐的形式，比如踩高跷、划旱船、舞龙、舞狮、秧歌等。时至今日，社火依然是元宵节重要的传统狂欢活动。在河北、山西、辽宁、甘肃、陕西等地，热闹的"社火"表演依然在传递着"闹元宵"的喜庆和欢快。

"千门开锁万灯明,正月中旬动帝京。三百内人连袖舞,一时天上着词声。"在张祜的《正月十五夜灯》里,社火改歌舞了!大唐时期,文化艺术发展登峰造极,唐朝的多位皇帝,不仅是歌舞发烧友,也是梨园票友,这就更是增添了歌舞升平的繁荣景象。如果说唐初期的上元灯节还比较低调的话,到了唐睿宗时期,这莺歌燕舞的场景是藏也藏不住了!

据《朝野佥载》记载:唐睿宗先天二年(713年,即唐玄宗开元元年)的元宵节,在安福门外立有一巨型灯轮,挂花灯五万盏。令"宫女数千人,衣罗绮,曳锦绣,耀珠翠,施香粉"在灯轮下轻歌曼舞。不仅如此,皇家还特意从长安万年县选少女、妇人千余人,在灯轮下踏歌(中国传统舞蹈,源自民间,自汉代兴起,到了唐代风靡盛行。)三日。伴随着盛况空前的元

宵歌舞的,是诗人们热热闹闹的踏歌诗词较量。

"月下多游骑,灯前饶看人。欢乐无穷已,歌舞达明晨。"(唐·崔知贤《上元夜效小庾体》)

"花萼楼前雨露新,长安城里太平人。龙衔火树千灯艳,鸡踏莲花万岁春。帝宫三五戏春台,行雨流风莫妒来。西域灯轮千影合,东华金阙万重开。"(唐·张说《杂曲歌辞·踏歌词》)

"灯火家家市,笙歌处处楼。无妨思帝里,不合厌杭州。(唐·白居易《正月十五日夜月》)

……

动人的舞蹈惹得才子诗兴大发,这样的元宵也算是闹出了几多情趣。

到了亲民的大宋,灯市上似乎能找到一些如今游园的影子,除了不停地吃吃吃,就是接地气的娱乐表演了。在临安城(今杭州),表演场所设在勾栏里,搭起一座大戏台,"百艺群工,竞呈奇伎"(《武林旧事》载)。客人们凭栏饮酒,只需撒些赏钱,就可以欣赏一整夜的歌舞,是不是很贴心?

至于歌舞类型,也是非常市民阶层的。据《梦粱录》中说:"姑以舞队言之,如清音、遏云、掉刀、鲍老、胡女、刘衮、乔三教、乔迎酒、乔亲事、焦锤架儿、仕女、杵歌、诸国朝、竹马儿、村田乐、神鬼、十斋郎各社(皆为艺术形式),不下数十。更有乔宅眷、旱龙船、踢灯、鲍老、驼象社。官巷口、苏家巷二十四家傀儡,衣装鲜丽,细旦戴花朵□(缺字)肩、珠翠冠儿，腰肢纤袅，宛若妇人。府第中有家乐儿童，亦各动笙簧琴瑟，清音嘹亮，最可人听，拦街嬉耍，竟夕不眠。"在宋代，有宫廷队舞和民间舞队，舞队包括"大小全棚傀儡"（《武林旧事》载）以下的所有表演形式。也就是说，当时的歌舞相当于"社火"，是非常群众性的自我娱乐方式。他们出现在街头巷尾、瓦舍酒肆，是民间艺术团体的生力军。

明代闹元宵简直就是一场倍儿好看的杂技秀。你只需看一幅图《明宪宗元宵行乐图》就知道了。当然，那是宫中请的杂戏班子，但也可以看出，明代的杂技表演多么地受欢迎。

再到民间看一看，各种耍把式的简直让人眼花缭乱。明代范景文在《游南园记》中写道："君翰曰：'闻有祭风台，盍往观之？'御骑以往。至则数健儿在焉。见所乘马翘腾不胜气，

作命取驰骤道上。于时,人马相得,据鞍生风,蹄蹴电飞,着眼俱失。急于雾中细辨之,见马上起舞,或翻或卧,或折或踞,或坐或欹,或抱或脱,或跃而立,或顿而侧,时手撒辔,时脚蹑靴,时身离镫,以为势拖将堕矣,而盘旋益熟,观者无不咋舌,而神色怡然自若也。"这段文字一看就知道描写的是马术表演。而马术也是吴桥杂技的一项绝活。

吴桥杂技历史悠久,在明朝中后期更是进入繁盛时期。吴

桥人把杂技叫作"耍玩意儿",民间流传有这样的顺口溜:"上至九十九,下至才会走,吴桥耍玩意儿,人人有一手。"可见,没有吴桥人玩不了的杂技。唱大戏,耍杂技,不得不感叹一句,吴桥人真会玩!

时至今日,吴桥杂技依然是中国杂技界的翘楚。元宵晚会上经常能见到有来自吴桥杂技界的精湛表演。

清代元宵节,民间的娱乐活动增添了大量的新内容。从元旦(初一)到元宵节,舞狮子、舞龙、踩高跷、跑旱船、扭秧歌、打腰鼓等传统活动没有间断过,每日社火不断,锣鼓喧天。就比如说踩高跷吧,属于古代百戏的一种,早在春秋时期就已出现。在汉魏时期叫"跷技",宋代叫"塔桥",清代以来叫"高跷"。踩高跷的人,双脚要绑在33~100厘米长的条木制成的木棍上,唢呐伴奏,一人或多人逗舞。一些有名的戏曲折子如《闹天宫》《八仙过海》等被表演者诙谐演绎,看客乐在其中。

《清嘉录》中有一段这样的描述:"看残烛火闹元宵,划出旱船忙打招,不放月华侵下界,烟竿火塔又是桥。"划旱船,在清代的元宵也是非常流行的。据说,划旱船(也叫跑旱船)是为了纪念治水有功的大禹,表演者要在陆地上模仿船行进的样子做动作。旱船也不是真船,多用两片薄板,锯成船形,以竹木扎成,再蒙以彩布,套系在表演者的腰间,如同坐于船中一样。她们手里拿着桨,做划行的姿势,一面跑,一面唱些地方小调,边歌边舞。如今,诸如踩高跷、划旱船这样的民间活动在春节期间的庙会上仍然非常受欢迎。

  对于吃个元宵,最多再赏个花灯的现代人来说,古代人闹元宵的花样也着实太丰富了!只是上述的表演你也不必艳羡,毕竟在春节期间,这些耍法也是寻常所见的。只能说,古代人对元宵节过于重视,甚至大有压过春节的风头。闹元宵,真真闹出了一场盛大的狂欢。

古代元宵晚会，不逊春晚

而今的元宵晚会，是春晚的延续，不似春晚那般紧张有节，演员、群众聚在一起，唱唱歌，吃吃元宵，显得轻松又随意，倒是应和了元宵喜乐会的主题。可你知道吗？过去皇帝们举办的元宵晚会，那是一点也不逊于春晚阵仗的。

唐代：热衷于办元宵晚会的李旦、李隆基父子

唐朝的皇帝好歌舞，元宵晚会自然是极尽隆重的。那么问题来了，泱泱大唐，哪一届元宵晚会最为出彩？他们在哪儿举办的，又有多么炫目呢？

有一对玩心颇大的帝王父子出现在"元宵晚会追捧者"名单上：唐睿宗李旦和唐玄宗李隆基。据说，唐睿宗为了欣赏一场声势浩大的元宵晚会，可谓一掷千金。《新唐书·严挺之传》记载：先天二年（713年）正月，太上皇唐睿宗燃千灯，弛门禁，大御宴，在安福门观灯"昼夜不息，阅月未止"。舞台背景

是20丈高的灯轮，另有灯盏5万，这阵仗，是不是比现在LED大屏还要炫目得多！为了把从长安县和万年县调来的少女少妇们装扮好看，唐睿宗更是大笔一挥，拨了1万钱的置装费。有人看不下去了，认为奢靡过了头，便站出来"打破锣"，"昼则欢娱，暮令休息"，说这话的是右拾遗严挺之。意思是说，"你不要夜以继日的闹，太过分了！"

这过分吗？实在不好评说。可有一个人显然不那么认为，他就是唐睿宗李旦的儿子唐玄宗。如果说他父亲搞的元宵晚会势要拿下"世界第一"的话，那么唐玄宗李隆基的元宵晚会就是奔着"全宇宙第一"去了。

才华横溢的李隆基真的是非常热衷也擅长于文艺事业的。可以说，他是整台元宵晚会的导演。首先，他要操心舞台到底搭建在哪儿的问题。唐开元二十四年（736年），唐玄宗在勤政楼城墙外加了一道围墙，把各种庆典活动转入宫内。这个办法真是好啊！相当于勤政楼前楼成了观礼台，楼下的广场自然成为汇集各种表演的露天大舞台。

舞台搭好了，接下来就是舞美了。唐玄宗不满足于他爹做的灯轮，又推出了"灯树"和"灯楼"。据史载，这座灯楼宽达二十间，高达一百五十尺，灯楼上悬挂着珠玉、金银穗，微风一吹，锵然成韵。灯上又绘龙凤虎豹，呈腾跃之状，栩栩如生。整个灯楼设计构造可谓巧夺天工！

硬件设施搭好了，接下来是软件配套了。爱好音乐的唐玄

宗致力于要将元宵晚会打造成一台高水准的歌舞晚会，于是"每正月望夜，又御勤政楼，观作乐。贵臣戚里，官设看楼，夜阑，即遣宫女于楼前歌舞以娱之。"然而，宫廷里那么几个宫女实在舞不出玄宗想要的宏大气势，于是他又在东都洛阳召见方圆三百里以内的县令刺史，命他们携带歌舞队前来比赛，大搞文艺会演，并对优胜者予以奖励。胡旋舞、柘枝舞、霓裳羽衣舞、龟兹乐、天竺乐等乐舞一应尽有；杂技、魔术、百戏自然少不了；琵琶、箜篌、拍板等不绝于耳……如此盛大规模的晚会，一年也就看这一次吧。

清代：宫里怕着火，干脆移驾圆明园

清代，元宵节称为灯节。灯节持续五日，从正月十三到正月十七，紫禁城内灯火通明，煞是热闹。但为了防火灾，宫廷内禁止燃放焰火。乾隆皇帝素来爱热闹，又十分孝顺，眼看着在家不能欣赏焰火，怎么办？干脆出宫吧！于是，一群人浩浩荡荡到圆明园的"山高水长"楼去看歌舞杂技表演，观灯，看焰火，一样也不落下。

上元节当天的元宵晚会，其实从白天就开始了。从众多清宫剧里就能看出，清朝的皇帝都很喜欢戏曲。乾隆时期，南府（南府与升平署是清代掌管宫廷戏曲演出活动的机构，设立于康熙年间，府址为原"南花园"，在今北京南长街南口路西北京市第六中学。南府与教坊司不同，不属礼部，而隶属内务府。曾收罗大批民间艺人，教习年轻太监和艺人子弟以为宫廷应承演出。）就养着上千人的戏班，根据不同的节日排练出专门的"节令戏。比如，元宵节要听的戏就是《万花向荣》和《御苑献瑞》，是不是听上去就挺应景的？既然不在宫里头，那大家也不再拘束了。吃的喝的都端上来吧！皇帝和大臣、嫔妃们一边看戏，一边用膳，气氛甚好。这场景是不是有点像上世纪八十年代的春晚？底下的观众一边吃着点心，一边看着节目，甚是有点茶话会的意思。

当然，看戏只是元宵晚会的序曲，重头戏在下午。有相扑、

马戏、爬杆、罗汉堆塔、舞灯、施放烟火等表演。其中舞灯和烟火表演最为壮观。烟火表演大约从晚间6、7点开始。据《膳底档》记载,清乾隆三十年(1765年)元宵节,皇帝与太后及嫔妃于晚间酉时二刻(大约17:30)在行宫观烟火,共用元宵二十八盒,每盒八碗,果盒十六副,攒盘饽饽果子六十盘。也就是说,他们要边赏烟火边吃元宵。至于另一项舞灯表演,就是表演者身着不同颜色的衣服,每人手持一竿,竿上再横一竿,两头各悬挂彩灯一个,变换排列队形,组成如"太平万岁、万寿无疆"之类的吉祥话。伴随着舞灯,数十架烟火也燃放起来,一时间,天上地下热闹非凡。

闹元宵，各地有各地的玩法

十里不同俗。元宵节，从古到今，各地亦有各地的闹法。有几个地方的玩法倒是让人颇为开眼界。

老北京：讲究要数花盒子，难寻其踪"烧火判儿"

自明代起，北京作为皇城，元宵观灯的盛况可见一斑。现在的灯市口一带，就是明代时元宵节京城百姓购物、观灯之处。清代，北京城出现了多个灯市，观灯热情尤盛。在这之中，催生了"催灯榔""灯政司"两大奇景，也出现了"烧火判儿"的民俗活动，还有一种让现代人想不明白的神奇之物——花盒子。如今，这些事物虽说早已湮没在历史洪流中，但却值得说道说道。

乾隆皇帝每年正月十三起都要陪皇太后到圆明园里的"山高水长"楼看歌舞杂技、观灯、放焰火，然后传谕放"花盒子"。这花盒子是什么？上了些年纪的老北京人是见过的，是一种把烟花和鞭炮合在一起放的家伙什,也可以说,是烟花和鞭炮的升级版。

很难想象是不是?清代一首竹枝词或许可以给你做个解释:"花灯彻夜是元宵,盒架高支望去遥,最怕层层分不断,连皮带骨一起烧。"看样子,放花盒子难度不小,需要架起一个不小的铁架子。花盒子大概有很多层,不好放,放不好的话可能就一股脑地烧没了。若是那样,如何担得起"花盒子"的美名呢?

清代《养吉斋丛录》一书中,曾描述了两个神奇的花盒子:一只为"九石之灯",花盒内"藏小灯万,一声迸散,万灯齐明";另一只为"八小儿灯",花盒点燃后,"有四小儿从火中相搏堕地,炮声连发,另有四儿花裲裆(liǎng dāng,一种古代服饰),杖鼓拍板,作秧歌小队,穿星戴焰,破箱而出"。惊不惊喜?意不意外?感觉像是变戏法一样,永远猜不到下一秒钟会发生什么!

民国时的花盒子就更有高级感了:"九隆花盒早著名,美丽花样整四层,若问四层为何物,一字一楼二连灯。"怎么个高级法呢?作家肖复兴这样解释:"这里说的'一字一楼',指的是每放一层的时候,会从盒子里飞进出一幅大喜字,类如福禄寿喜之类的拜年话。好的花盒子里暗藏玄机,连买的人、放的人也不知晓,就像看一部悬疑片,人们都等着看下一层盒子里会飞进出什么新奇的玩意儿。"变幻如此之多,真不知道古人是如何设计出来的?!如今花盒子再也没有出现在北京的元宵节里,这样的高超技术是否还有人传承,也不得而知了。

老北京的灯节催生了两大奇观:催灯梆和灯政司。催灯梆,顾名思义,肯定跟催促有关。在明清两代,灯市非常热闹,人们倾巢出动,直至深夜也不愿散去。官府唯恐闹事,便事先雇个十来个乞丐组成的梆子队。他们在灯节的夜晚,有意地乱敲

梆,三更时分打五更的梆,以误导人们——"时候不早了,可以回家啦!"从灯市一头走到另一头,人不散,梆子不停,反倒成为一景,吸引了不少观灯的人来围观,还给他们取了一个得趣的名字——催灯梆。

　　灯政司又是什么?说起来就有些无理取闹了。他们原是一群乞丐,在明清时期的元宵节,几乎所有京城乞丐都会出动,在乞丐头头的组织下,组成了一列"仪仗队。"干什么?自然是去捣乱的。这条队伍中,有开道的乞丐,有手持讨饭竿子的乞丐,还有四个人更可笑,举着"纠察""弹压""回避""肃静"的小灯牌和一个写着"灯政司"三个大字的大灯牌,灯牌之后便是乞丐头子,坐在一乘破椅子上,佯装大轿,被八个乞丐抬着。这位"老爷"真不好惹,他说上哪儿闹就上哪儿闹去,他要说个哪家店铺的不是，这家店的老板就得赶紧撒钱出来摆平。有他们的地方，便有无端的哄抢，好好的灯市，竟被这锅"耗子屎"搅得十分混乱。新中国成立之后，乞丐帮被政府收留，"灯政司"也就逐渐消失了。

"烧火判儿"也是旧时北京灯节的民俗活动，而且应该算是大快人心的一项活动。"判儿"是指阴间的判官，"烧火判儿"就是把这象征罪恶的判官烧掉之意。"烧火判儿"一般在地安门

外大街的城隍庙或是琉璃厂街的吕祖祠进行。这判官是泥塑的，腹部中空，挺这个大肚囊，头戴一顶双翅纱帽，五六尺高。腹中实则是一个大炉膛，人们将柴及煤块点燃后，火焰便从判官的口耳鼻眼及肚脐眼中冒出。《燕京岁时杂咏》有记："气焰熏天火判官，登场非复汉衣冠；炎炎者绝隆隆灭，象齿焚身觉悟难。"到是真解气。上世纪四十年代后，"烧火判儿"的民俗活动逐渐消失。

四川、贵州：偷青偷了几百年

既然是闹元宵，总会有一些"恶作剧"，比如一场叫"偷青"的游戏。所谓偷青，说白了，就是偷菜。

这场游戏如今依然流行在四川、贵州等地。每年正月十五，贵州黄平一代的苗族姑娘便会出门去偷别家的菜，而且专选白菜偷，数量只要够大家吃上一顿即可。大家把偷来的白菜聚在一起，做一顿白菜宴。这顿宴上，姑娘们都要铆足了劲地吃，吃得越多，就越能早早地得到意中人，养的蚕子也能最好，吐的丝最多。

四川人民就更实际了。年轻的男男女女去菜地里偷一把菜，不是为了自己，而是要把这把菜送个不孕不育的家庭，意为"送子"。

过去，元宵节也被称为放偷节。偷什么，怎么偷？这么说吧，没有做不到的，只有想不到的。也就是说，放偷节上，尽管放心大胆地去偷。最早可查的"放偷"记载是南北朝时候《魏书》中记录的鲜卑习俗。明代《帝京景物略》一书中，记载有金元时期元夕放偷的情形，"三日放偷，偷至，笑遣之，虽窃至妻女不加罪"。什么意思？可以连偷三天。不仅可以偷物，甚至还可以偷人？！

老祖宗们玩得似乎有点过火了！毕竟小偷小闹才怡情呐！那去四川、贵州那边看看当地人如何玩转放偷节吧！

四川人的放偷，其实就是偷青。元宵节晚上，去别人家的菜地里掐上一撮儿青苗，青菜也好，蒜苗也罢，只要是青色的就好。如此小打小闹，似乎根本算不得偷。据说，偷青的原意是想借取别人家的好运气，去掉自己的晦气。如此顺手牵羊式地掐尖儿，根本不会引起主人家的注意，按常理说，那不正好吗？可元宵这晚，偏偏就要做一个胆大包天的"贼"！必须要被主人家发现，最好能让主人家追着骂。这是为何？据说，被菜地主人骂得越惨，这一年就会越旺。而主人家的菜如果有人来偷，也意味着自家的菜品相好，来年也会丰收。于是，偷菜者和被偷者像约好了似的，煞有介事地合演了这么一出戏：菜地主人假模假式地拿着锄头在后面边骂边赶，偷菜小贼躲躲藏藏，低声求饶。这么一出戏其实就是作秀，表演者和观众都是自己。总之就是，这菜不能白偷！

如今，台湾地区也有未婚女性在元宵夜偷偷摘葱或者菜的

习俗,有一种说法是:"偷挽葱,嫁好尪(wāng)""偷挽菜,嫁好婿"。为了未来的美满婚姻,值得"冒险"一次。

偷菜是很有趣,但稍不留神就玩大了。比如,清道光十六年(1836年)《沙川抚民厅志》一书提到妇女出门观灯时,"或私摘人家菜叶,以拍肩背,曰拍油虫。"但也有许多不自觉的偷菜者,甚至还偷空了人家的菜园。"不论男女老少,不待更深,饭后即出,到处汹汹,势同掠夺,各园主稍为疏防,即被一扫而空。"

其实,历史上的偷青是有讲究的。比如,大人们在前头走,小孩儿们要在后面使劲吆喝:"病虫瘟疫上天去,五谷丰登下凡来。"偷青的时候也要十分注意,不能践踏田里的庄稼,更不能将偷来的青苗折断,而且要比着十二个月,偷十二根菜。这十二根,每一根代表一个月份,如果象征哪个月份的菜不小心折了,就说明那一个月恐有灾祸,需得小心。

不过，现在的人已经没有那样的传统观念，他们把偷青更当作一种偷菜游戏，甚至网上还出现了一些"偷菜攻略。"一些喜欢恶搞的年轻人难免放肆一些，偷菜节也成了让农户们胆战心惊的事。所以，偷菜好玩需适度，小心风俗变陋俗。

贵州黔东南：炸龙闹元宵

春节、元宵节都少不得舞龙。在贵州黔东南、铜仁等地区，一场土家族炸龙民俗活动格外引人注目。炸龙活动已经延续了上百年，是当地群众祈求平安、富裕、健康的一种方式，2006被年列入贵州省首批非物质文化遗产保护名录。

和单纯舞龙的人穿得周正有所不同，玩炸龙的人要赤膊上阵，整个过程也是玩得惊心动魄。元宵是夜，舞龙人挥舞着几十条彩龙尚且还在热身中，一条条点燃的鞭炮随即从人群中扔出，朝着龙身的方向甩去。舞龙者旋即开启疯狂模式，为了躲避鞭炮，他们分秒不敢懈怠，不停地摆动、蹦跳，他们逃得越欢，整条龙看上去就越欢腾，炸龙的人就愈疯狂，排炮、小卷炮，纷纷投向龙头龙尾。炸龙不分男女老幼，谁有钱买炮，尽可以过一把炸龙的瘾！于是乎，四面八方疯狂开火，逼得舞龙者激烈躲闪，一时间火花纷飞，烟火炫目，别提多带劲了！不大一会儿工夫，彩龙便被炸去了龙衣，只剩竹篾骨架。炸龙者得意扬扬，大发狂言："我要把龙身炸个稀巴烂！"舞龙者丝毫不怯场：

"我敢舞龙,就任你炸,看你有多少鞭炮来炸!"在舞龙人看来,顶着火龙任由鞭炮来炸,是在接受一场"洗礼。"这样一场近似疯狂的玩闹,实则起源于几百年前的一场土家族人的大旱。人们为了感谢"龙神"的恩德,便在新春元宵期间进行舞龙和炸龙的活动。鞭炮声声,响彻天际,既是对"龙神"的顶礼,亦是土家族人给自己开的一场自娱自乐的玩笑。

安徽:姑娘、孩子摺火把

　　元宵的起源,有一种比较小众、有一定区域性的说法,就是源于上古民众在田野乡间持火把驱赶虫兽,以期望来年少有虫害,有个好收成之意。在今天安徽的一些地方,依然有撂火把、荡千秋等元宵民俗活动,其中又以撂火把最为热闹。

火把,用竹枝、枯草等扎成,每逢元宵夜,家家户户便要挂起灯笼,点燃火把。既然要点火把,便会围着篝火唱歌、跳舞,简单的撂火把自然而然地就演变为一场篝火晚会。

在皖东的农村,男女老少要先围着火把唱歌:"火把绕三绕,瘦田收好稻;火把舞三圈,粮仓冒了尖。"看样子,这是一场祈求丰收的活动。紧接着,火把被抛向天空,一时间,天空泛红,火光四射,人们高声喝彩着。在当地人看来,火把扔向东边,棉花就有好收成;火把扔向西边,西瓜定能吃个饱;火把扔向南边,今年风调雨又顺;火把扔向北边,庄稼不愁长。收成有了着落,年轻人们便兴起了更浪漫的玩法:小伙子们围成圈,把姑娘们围在其中,姑娘们只好唱一支歌以求脱身。姑娘若是看上了哪位小伙子,便会趁着兴头将火把扔向他,这时候,肯定有不少好事者围上来抢。谁要是抢到了火把,不管是不是心上人,姑娘都要送上一件信物。

这样的闹法看得人眼热。小孩子们自然不干了。在安徽凤阳地区,撂火把便成为青少年的集体活动。在凤阳农村,孩子们甚至会早早地收集、准备着一些废旧扫帚、刷把,以备元宵节撂火把用。到了傍晚时分,一群小伙伴找一块空地,将火把点燃后抛向空中,看那火把又旺又高,兴奋得尖叫起来……也

有玩过火的,一不小心将衣服烧个大洞。大人们见到了,也不责怪,只是打趣他们贪欢过头。

第四章 元宵节：本是浪漫多情的节日

"有灯无月不娱人,有月无灯不算春。春到人间人似玉,灯烧月下月如银。"给点阳光就灿烂,给点月光就浪漫。月色朦胧,灯火温柔,你也很温柔。

借着元宵,便可出门;借着观灯,便可相见。"月上柳梢头,人约黄昏后。"我们以刚刚爬上柳梢头的月亮为时间暗号,不见不散。这是刻意制造的浪漫。除此之外,还有一些巧合的邂逅。"众里寻他千百度,蓦然回首,那人却在灯火阑珊中。"有多少个一见钟情,被定格在上元灯夜?

月为媒,灯为媒。除了制造"惊鸿一瞥"的难忘回忆,更有牵线搭桥、缔造姻缘的成功案例。比如,陈三和五娘,再比如,李清照和赵明诚。

于是,便有人说,元宵节其实才是中国的情人节。其实这么说来,还是把元宵节说得俗气了。在影影绰绰的灯光下互赠诗帕,发乎于情,又止乎于礼。即便有冲破世俗牢笼、大胆追爱的个例,也是为了信守当时的诺言。这份感情内敛又含蓄,勇敢且饱满。

正所谓"不展芳尊开口笑,如何消得此良辰。"

元宵、上巳、七夕，哪个才是"中式情人节"

正月十五的元宵，三月三的上巳，七月七的七夕，势必有一场"谁是中国式情人节"之争。从如今商家的造势和吃瓜群众的反应来看，七夕算是胜出了。每逢七夕之前，各款走心的"中式情人节"广告铺天盖地，一应迎合"情人节"主题的产品热闹登场，真正算是夏天里最值得期待的事情之一。元宵和传说中的上巳节的光芒，似乎就有那么一些逊色呢！

其实，元宵从不是只吃一碗元宵那么浅显；而上巳也不仅仅只留下了曲水流觞的雅致。"人约黄昏后"是元宵，有着浓浓的"思念杀"。"长安水边多丽人"是上巳，正可谓窈窕淑女，君子好逑。而"金风玉露一相逢，便胜却人间无数"是七夕，又是一场缠绵悱恻……若说元宵的情，是一眼千年；上巳的情，是一晌贪欢；那么七夕的情，便是一生一世。

要我说，元宵、上巳、七夕，连起来正好凑成一句"那年花开月正圆。"那一年,元宵月圆,上巳花开,你我携手在七夕,听了一个关于牛郎织女的传说……如斯美好,皆因一个"情"字。三个有情之日,串起了中国人骨子里的浪漫。

藏于一盏灯下的羞涩爱恋

燕子呢喃,春又归。春天,是个恋爱的季节。

正月十五上元,月光如洗,温柔倾城,昔日入夜便十分清静的大街上开始人头攒动。平素的宵禁取消了,一年中难得的几日夜生活撩开神秘的面纱,向人们发出盛情的邀请。没有人能抵住这样的诱惑。老老少少争相出门观灯,最兴奋的还是闺阁家的女儿们。

豆蔻年华的张家大小姐此刻正在小轩窗下理红妆,去岁的今时,她在上元灯节上邂逅一面若白玉、目若朗星的少年,不知今夜的他是否还会出现?是不是还是那般的长身玉立,风流倜傥?想到这里,张大小姐不禁有些羞红了双颊。

外面已经是"火树银花合,星桥铁锁开。"彩灯万盏,焰火飞扬,催得女儿家脚步急促起来。洛阳城连接洛水南岸里坊区与洛北禁苑的天津桥、星津桥、黄道桥上的铁锁纷纷打开,平日里去不到的地方,现在都可以正大光明地去了。

她们从汉唐宋元的庭院里走出来,她们从深情缱绻的思念里走出来了。"爹爹放心,我只是去看花灯。"一年又一年,爹爹买的兔儿灯再也拴不住小姑娘的心，只道是，花灯年年莫如是，小姐到底为哪般？

或许是今晚的月色过于动人，又或许是那一盏花灯格外好看，不经意的一回眸，一点头，四目相望，秋波盈盈。从此牵肠挂肚，颠倒梦想。

"玉漏莫相催"，玉漏啊，你再滴慢一点好吗？这个夜晚啊，你走得再慢一些好吗？

"月上柳梢头，人约黄昏后。"月亮爬上来的时候，有情人终得相见。

……

有诗为佐，你却说元宵节不是情人节吗？的确，在过去，大家闺秀也好，小家碧玉也罢，因为封建伦理的约束，过着相对幽闭的生活。上元灯节为这些闺阁女儿提供了一个外出的合理借口。青涩的女儿、懵懂的少年的相识、相遇，产生好感是那么自然而然的事情。那一盏好看的花灯，不过只是女儿家的一块"遮羞布"，双眼躲在花灯背后，只是为了将情郎看得更真切一些。但这一切，就好似雾里看花，水中望月，很多时候，只是一场幻景，终又成空。说到底，上元灯节也仅仅是灯节，它的起源也并非以男女相约的目的，也不是个可以大大方方说出"我爱你"的日子。毕竟，在讲求父母之命、媒妁之言的中国古代，那些朦朦胧胧的情愫，终究只能在上元节的火树银花中灰飞烟灭。

"今年元夜时,月与灯依旧。不见去年人,泪湿春衫袖。"说好的海誓山盟呢?说好的情长到老呢?邀你出来看灯,你却要来看人。将心事赋予他人,也难怪要失意了。

元宵节,若非要说是情人节,那么顶多算是一个遮遮掩掩的"情人节",一个发挥了一定情人节功能的节日。但元宵灯节的确给男男女女们提供谈情说爱的机缘,所以才这么值得期待。本就是一个看灯赏灯的节日,因为有了这般情愫的注入,添入了人性本来的色彩,也格外生动起来。

上巳节，明目张胆地约会

"永和九年，岁在癸丑，暮春之初，会于会稽山阴之兰亭，修禊事也。"

王羲之早年作《兰亭集序》，得以流芳百世，也让上巳节进入后世人眼中。一干文人雅士，利用水流弯曲的形状，让酒杯在水面漂流，到谁前面停住，谁就作诗一首，名为"曲水流觞"。曲水流觞，何等风雅，尽在三月三这个美妙的日子里了。

你可知，曲水流觞是后来居上的习俗，早前的上巳节更重要的功能是男女相会的日子，也就是真正意义上的中国情人节。上巳节，是中国历史上一个古老的节日，在很久很久以前，这个节日并不固定，只是在三月上旬的巳日。因三月初三多逢巳日，后来，也就将上巳节固定为三月初三日了。

阳光初暖，春水涌动，是个沐浴祈福的好日子。因而，上巳节自古便有祓禊之俗。祓禊，就是人们相约来到水边沐浴、洗濯，除去晦暗灾邪。试想一下，丽人们沉醉在一池春水里，何等香艳？以祓禊之名，倒是成全了不少一见倾心的男男女女。也罢，既然水边嬉戏弄巧成真，上巳节也就成了大家心知肚明的"相亲大会"。在这一日，即便私奔亦是被允许的，不会受到惩罚，堪称古人自由恋爱的典范。

《诗经》中有一篇便描绘了这样一幅颇有些自由主义色彩的爱情画面：

溱与洧，方涣涣兮。士与女，方秉蕳兮。女曰："观乎？"士曰："既且，且往观乎？"洧之外，洵訏且乐。维士与女，伊其相谑，赠之以芍药。

溱与洧，浏其清矣。士与女，殷其盈矣。女曰："观乎？"士曰："既且，且往观乎？"洧之外，洵訏且乐。维士与女，伊其将谑，赠之以芍药。（《国风·郑风·溱洧》）

溱水洧水长又长，河水流淌向远方。男男女女城外游，手拿兰草求吉祥。女说，咱们去看看？男说虽然我已去一趟，再去一趟又何妨！洧水对岸好地方，地方热闹又宽敞。男女结伴一起逛，相互戏谑喜洋洋，赠朵芍药毋相忘。

溱水洧水长又长，河水洋洋真清亮。男男女女城外游，游人如织闹嚷嚷。女说咱们去看看？男说虽然我已去一趟，再去一趟又何妨！洧水对岸好地方，地方热闹又宽敞。男女结伴一

何处春深好，春深上巳家。
兰亭席上酒，曲洛岸边花。
《和春深》——唐·白居易

起逛，相互戏谑喜洋洋，赠朵芍药表情长。

《诗经》所描绘的社会环境，在某种程度上来说其实是很开放的。在这首诗歌里，男男女女大大方方地打情骂俏，看对眼了，你送我一枝兰草，我回赠你一朵芍药。多么的质朴，多么的真挚，又是多么的自由。从河畔游兴归来的男女，手执兰草或是芍药，这就是爱情的萌发。

《周礼》里面说："中春之月，令会男女。"有学者解释道，这是当朝政府允许男男女女谈情说爱，不受干涉的意思。以至于也有人认为，三月三就是周朝默许的"法定情人节。"

南朝诗人沈约的《三日率尔成篇》描绘的尺度就相当大了："洛阳繁华子，长安轻薄儿……清辰戏伊水，薄暮宿兰池……宁忆春蚕起？日暮桑欲萎。""繁华子""轻薄儿"都是指的青年男子。这一对对的佳偶们白日里尚且在戏水，是夜便已经合宿兰池，以至于耽误了蚕桑的工作，进度是不是有点快？

到了唐代，杜甫的《丽人行》："三月三日天气新，长安水边多丽人。态浓意远淑且真，肌理细腻骨肉匀。绣罗衣裳照暮春，蹙金孔雀银麒麟。"更是将三月三的浪漫情怀推向高潮。长安城的姑娘们也爱在水边嬉闹，那绮丽的画面，自然是可见一斑。

这么说来，三月三倒是符合情人节的气质，但很可惜，这个最正宗的中式情人节却半途夭折了。自宋以后，理学渐渐兴盛，封建礼教森严，三月三这样自由的情爱主义渐渐没落，男

女间热烈交往也不复存在。再后来，三月三又加入踏青、荡秋千、蹴鞠、打马球、插柳等一系列风俗活动，其踏青游玩的意义逐渐替代了男女约会的本来面目。

电视剧《知否知否，应是绿肥红瘦》中，就有宋代豪门夫人举办三月三马球会的情景。她们会邀请门当户对的官宦小姐来和自家的公子打马球。打马球是幌子，其实就是在挑选媳妇。只是在这样的马球盛会中，公子哥和小姐们虽然也有互相对上眼的，但终身大事到底还是要凭父母定夺。那般"看了就喜欢了，爱了就爱了"的随性爱恋也就随着历史的洪流渐渐淡出了。

七夕节：以爱之名，饱满多情

七夕，不少现代人都习惯将这个节日称为"中国情人节"。但实际上，这恐怕是对七夕最大的一个误解。文化学者、民俗学家冯骥才说：七夕节是一个以牛郎织女的民间传说为载体，以爱情为主题，以女性为主角的节日。按照民间传说，牛郎和织女都是已婚人士，而且还有了孩子。七夕节表达的是已婚男女之间不离不弃、白头偕老、忠贞不渝的情感，恪守的是双方对爱的承诺，不是表达恋人之间的情爱，这是在不同人生阶段的两种感情。

七夕，原本是一个女儿家乞巧的日子。从汉代的相关记录来看，七夕节的核心依然是穿针乞巧。到了魏晋南北朝，牛郎

织女的故事情节进一步完善,并与七夕节俗相互融合,七夕节遂成为普遍的节日,其活动也日益丰富。

牛郎织女的爱情故事融入乞巧的节日中,使这个原本单纯的"女儿节"也饱满和多情起来。于是,七夕不再仅仅是女儿们乞巧,切磋女红,也有了花前月下的告白和期许。以"牛郎织女"民间传说为载体,以乞巧、祈福、歌颂爱情之名,最终成就了七夕这一以女性为主体的综合性节日。

七夕节,有着中国人对幸福生活的向往、对忠贞爱情的期许,甚至还有顺应时节的智慧。因此,一些民俗学家建议,七夕,不应该被称为"中国情人节",而应该是"中国爱情节。"只是在现代,七夕节被一些商家所利用,大搞"中国式情人节"的花式噱头,甚至与西方情人节相提并论,反而冲淡了爱情原本的美好模样。

中国人的爱情，本来是执子之手、与子偕老的情感，是低调的、含蓄的、内涵的表达，是举案齐眉、相敬如宾的相守。中国式爱情，就是最美的爱情的样子。

现代社会，虽然乞巧和祭祀祈福活动没有继续流行的理由，但人们对于忠贞爱情的渴望与追求却始终如一。所以，无论七夕在今天被叫作"中式情人节"，还是"中式爱情节"，人们在这一天渴望得到和表达的，仍然是专一、专注，经得起时间和任何外力考验的爱情。也正是因为如此，现代的七夕节，爱情才成为最主要的节日内涵，牛郎织女的故事也得以继续相传。以爱之名，也算没有辜负这个美丽的日子吧！

上元夜，争做最好看的姑娘

古代社会，女子甚少有机会走出闺阁，抛头露面，但当元宵节来临的时候，便是另外一幅景象。自唐代兴盛的元宵赏灯，便成全了女子们争相斗艳的私心，谁也不愿意在这一时刻失色。未出阁的少女、羞涩的新妇、成熟的妇人都从深宅大院里走出来，走进元宵朦胧美好的灯火中。

你站在灯火中看风景，看风景的人在灯火那头看你。她们，是元宵节最动人的倩影。

上元是夜，宫廷里面莺歌燕舞，无数名打扮艳丽的宫女踏歌起舞，那优美姿态吸引着御座高朋。宫门以外，女儿们也开始梳洗打扮，就像要参加一场盛大的舞会，也不管是否能邂逅一位身骑白马的王子。这一夜，谁若不去看灯着实是人生一大憾事，全城的淑女倾巢出动，闭月羞花、出水芙蓉、环肥燕瘦，各具姿态，倒真真是比花灯还要娇艳百倍。

李清照在《永遇乐·元宵》中写道："落日熔金，暮云合璧，人在何处。染柳烟浓，吹梅笛怨，春意知几许。元宵佳节，融合天气。次第岂无风雨。来相召、香车宝马，谢他酒朋诗侣。中州盛日，闺门多暇，记得偏重三五。铺翠冠儿，捻金雪柳，簇带争济楚。如今憔悴，风鬟雾鬓，怕见夜间出去。不如向、帘儿底下，听人笑语。"虽道是词人思念丈夫，却能从寥寥数语中窥见昔日汴京的元宵盛景：女人们帽子镶嵌着翡翠宝珠，身上带着金捻成的雪柳，个个打扮得俊丽翘楚。

又如宋人万俟咏《醉蓬莱》："鬓惹乌云，裙拖湘水，谁家姝丽。"这家谁家的姑娘？虽只是一个背影，却也能想象她巧笑倩兮，美目盼兮，疑是惊鸿落霞。

闹蛾、灯球、雪柳、玉梅，从头开始俏

这是一个看颜的节日。这一日，女性成为主角，惊艳了时光。华服、配饰在衬托女性娇美容颜上发挥了重要的作用，既然要隆重出席元宵活动，"武装"便要从头开始。

头簪一朵大花，一看，便知是唐代的女性。她们初以纸、绢、通草等为材料制成宫花，渐渐地，开始流行簪戴真花。到了宋代，簪真花之俗依然盛行，其中，又以牡丹、芍药为最。一些高门显赫之妇人，也多用金、银、玉，又或是漆纱，制成桃、杏、荷、菊、梅等物，簪于云鬓上，既好看，又能显出主人独特的喜好和品味。

从唐到宋，一种叫作"闹蛾"的头饰渐渐露出风头，成为

元宵节妇女的必备款。闹蛾,又称为"夜蛾""蛾儿""闹嚷嚷",是用丝绸或者乌金纸为花或草虫之形,再用色彩画上须子、翅纹而成,取"飞蛾戏火"之意。

我们最熟悉的宋代词人辛弃疾的《青玉案·元夕》中,就有提到这种饰物。"蛾儿雪柳黄金缕,笑语盈盈暗香去。"蛾儿、雪柳、黄金缕皆是元宵节的应景之物,蛾儿又为其首。在另一首宋人杨无咎的《人月圆》词中,"闹蛾斜插,轻衫窄试,闲趁尖叉。"可以得见,应有一种闹蛾装饰的发簪,可以斜插云鬓。

到了明代,闹蛾的呼声依旧居高不下,刘若愚的《酌中志·饮食好尚纪略》记载:"自岁莫正旦,咸头戴闹蛾,乃乌金纸裁成,画颜色装就者;亦有用草虫、蝴蝶者。"清人的装饰中,也是少不得它,清人王夫之的《杂物赞·活的儿》记载:"以乌金纸剪为蛱蝶,朱粉点染,以小铜丝缠缀针上,旁施柏叶。迎春,元日,冶游者插之巾帽,宋柳永词所谓'闹蛾儿'也,或亦谓之'闹嚷嚷'。"可见,闹蛾既是元宵节物的畅销款,也是长畅款。

至于为何要戴闹蛾?一说蛾子常在夜间活动,且有趋光性。而上元灯节的各式灯笼,正好吸引了它们。再者,蛾子在中国传统文化中有求偶、交合之意,甚至可以认为,佩戴闹蛾有一点调情的意味。但私以为,飞蛾扑火,本就是自取灭亡。这样一种头饰似乎是在提醒元宵外出的女子,莫把邂逅当真,莫要挂怀太久。

如果说闹蛾的头饰其寓意还稍显隐晦,那么在元宵节佩戴灯球则是最相宜、最合乎情理的了。灯球,其实就是袖珍灯笼,如枣子或栗子般大,可以将其挑在钗头,成为元宵节专属步摇,也可加上珠宝翠玉,点缀在头上。不仅女子喜戴,就是小孩子也可以拿它做头饰,显得格外活泼俏皮。

至于雪柳和玉梅等物,皆是以绢或纸,甚至金制成的头花,亦是宋朝女性在元宵节和立春之时颇为偏爱的饰物。这些东西价格不高,不似金缕,街头巷尾皆有售卖,可以说是元宵饰物的"基础款"。宋晁冲之的《传言玉女》有词曰:"娇波向人,手捻玉梅低说。相逢常是,上元时节。"《大宋宣和遗事》(宣和是宋徽宗的最后一个年号,该书记述了历代帝王荒淫误国的故事,一直写到宋高宗定都临安〈今杭州〉为止,还加插了宋代奸臣把持朝政致使生灵涂炭的故事,也为写梁山英雄聚义做了对照。因此成为《水浒传》的蓝本。)也说:"少刻,京师民有似雪浪,尽头上戴着玉梅、雪柳、闹蛾儿。"

无论是闹蛾,还是玉梅、雪柳,又或是灯球,袅袅满头,不经意地抚弄一下绿云,便生出款款风情。饰物虽小,情致却浓,点缀了女性的发髻,更装点了她们的心。

独宠白色华衣

上元灯节,女人们各个都想出挑。想要在衣服上出彩,到底要穿什么?

每个节日都有它的爆款,宋明两代的女性就把一袭白衣宠上了天。按常理说,古人一般在夏季着浅色衣服,在冬日着深色衣物,为何却在元宵节偏好白色衣物呢?但从一些记载中看来,元宵尚白之风的确颇为盛行。

宋代周密的《武林旧事》就记载："元夕节物，妇人皆戴珠翠、闹蛾、玉梅、雪柳、菩提叶、灯球、销金合、蝉貂袖、项帕，而衣多尚白，盖月下所宜也。"不仅衣物尚白，就连玉梅、雪柳这类头饰其实也有白色。明高士奇的《灯市竹枝词》曰："鸦髻盘云插翠翘，葱绫浅斗月华娇。"也说到了妇女们穿葱白色的绫衫，为夜光衣。《帝京景物略》也有类似记载："妇女着白绫衫，队而宵行，谓无腰腿诸疾，曰走桥。"

可见，元宵节的女子，谁若是没有一件白色绫衫，是要被时尚狠狠地拉下马的。其实，以今日的审美来看，元宵夜着白的风俗也不难理解。月光皎洁、明亮，唯有一件似"清水出芙蓉"般的衣服能与之呼应。当月光洒在一袭纯美的白衣上，泛着斑斓的月色，便是古人所说的"夜光衣"，的确合乎上元之夜的景致。初春时节，缱绻柔情，白色轻盈、飘逸，更能衬托出女性的柔美来。上元之夜的确有佳人呐！

红衣也当时

奇书《金瓶梅》也有不少围绕元宵节的描写。如"正月十六合家欢乐饮酒。西门庆与吴月娘居上座，其余李娇儿、孟玉楼、潘金莲、李瓶儿、孙雪娥、西门大姐，都在两边列坐，都穿着锦绣衣裳，白绫袄儿，蓝裙子。惟月娘穿着大红遍地通袖袍儿，貂鼠皮袄，下着百花裙，头上珠翠堆盈，凤钗半卸。"

可见，在座的女子多着白绫袄子，唯独西门庆的正室吴月娘身着大红袍儿。红色，是中国传统色彩中的正色，典雅、端庄，吴月娘穿来正合身份。

元宵节，仍然沉浸在过年的氛围中，着红裙也十分应景。不然你去看《明宪宗元宵行乐图》，宫女们多穿红袄，搭配着青色下裙，这红配绿的撞色，更显得元宵的热烈。

"花影乱，笑声喧。闹蛾儿满路，成团打块，簇箸冠儿斗转。"（宋·康与之《瑞鹤仙·上元应制》）任何时代，人们对美的追求都无可厚非。在元宵节这个自由被放大的特别日子里，女性刻意的装扮，除了表达对美好生活的向往，对春天的渴望，对美的追求外，更有对自由爱恋的渴盼。

元宵为媒，终成好事

元宵节的邂逅，大部分不了了之，终成心底深藏的惊鸿一瞥，但也有例外。历史上、戏文中，有那么著名的三五对恋人，打破常规，成为元宵节无数个无言邂逅中的幸运儿。

流传在闽南和潮汕地区的梨园剧《陈三五娘》就是以元宵节为背景，叙述泉州人陈三邂逅黄五娘的浪漫爱情故事。元宵赏鳌山的时候，五娘与陈三相遇了，互相爱慕。翌年，陈三重游潮州，两人再遇，五娘投荔枝定情；陈三乔装磨镜匠，打破宝镜，卖身黄家为奴；在婢女益春促使下，两人终成连理，并相偕私奔。他们与命运抗争，塑造了一对一见钟情勇敢爱的典范。

明代戏曲家阮大铖创作的《春灯谜》，讲述了元宵灯节当夜，少年宇文彦与韦初平节度使之女影娘相遇，二人共同猜中灯谜，互赠诗歌，互生情愫，海誓山盟。不巧船因风起，二人错上了对方的船。影娘被宇文夫妇收为义女，而宇文彦却被当作"獭皮军贼"打入大牢。后来，宇文彦的弟弟宇文羲考中探花后,审案时开释已化名于俊的宇文彦。宇文彦又改名卢更生,入京应试,考中状元,座师正是影娘之父韦节度使。韦节度使知道宇文羲之父有一女未字,又撮合卢更生入赘,不料正是影娘,皆大欢喜。二人因元宵结缘,阴差阳错终成佳缘。

人都说前缘难续,却偏偏有破镜重圆。说的是来南朝末期徐德言和妻子乐昌公主的故事。隋文帝杨坚在统一了中国北方后,挥师南下,准备拿下位于江南的陈朝,一统天下。太子舍人(官名)徐德言的妻子,是陈后主的妹妹,封号为乐昌公主。夫妻二人感情甚好。眼见大军就要破城,他将一面宝镜一分为二,夫妻二人各执一半,并约定以镜子为暗号,互相寻找对方。陈朝灭亡。兵荒马乱之中,徐德言逃出建康城,乐昌公主被俘,送至洛阳成为隋朝越国公杨素的妾室。次年正月十五,徐德言早早来到集市,苦苦寻觅卖半面铜镜的人。功夫不负有心人,他终于找到了一个卖半面铜镜的老仆人。徐德言上看下看,心里有数之后便掏出自己的半块铜镜。两块镜身对合,浑然一体!徐德言当场赋诗一首:"镜与人俱去,镜归人不归;无复嫦娥影,空留明月辉!"几经周折,夫妻二人终得团聚。

还有一对知名的夫妻不得不提——宋代著名女词人李清照和丈夫赵明诚。赵明诚在21岁那年的元宵节,与李清照兄长外出游玩,第一次遇见在相国寺赏花的李清照。时年18的李清照已经颇具名气,赵明诚仰慕她的才华,更为她的芳容着迷,从而成就了一对佳偶,二人婚后高雅风趣的生活也过成了文人夫

妻的典范。

若非元宵,陈三和五娘便没有机会一见钟情,乐昌公文与徐德言也难破镜重圆,宇文彦和影娘也无法私订终身,李清照也不会在年老物是人非之时想起18岁那年的元宵,写下"如今憔悴,风鬟雾鬓,怕见夜间出去。不如向、帘儿底下,听人笑语。"若非元宵,他们便可能从彼此生命中错过。一个浪漫诗情的节日,就这样悄悄催生了爱情之花。

第五章 文学艺术,细述元宵情

既然是一个浪漫的节日,自然最受文人的青睐。看了一场灯会便诗兴大发的不在少数,更有觉得文字描述不过瘾的,干脆提笔作画。如今再去读那些赏灯诗,便犹如元宵晚会的台词,串起一个个精彩的画面。

这个盛大的节日,在画家笔下,是一幅幅人山灯海的长卷,既有帝王宫廷行乐,更有百姓民间狂欢;在文学名著里,元宵佳节是一个个精彩故事的背景,既有贾府的热闹繁华,也有梁山好汉发起的"袭击";在一盏盏花灯背后,则是一颗颗专注凝神的匠心,既有一代代能工巧匠的传承与进取,更有融入中华民族血脉的匠人精神。

每一个热闹而浪漫的元宵节,离不开那些璀璨夺目的花灯;每一盏花灯背后,离不开那些默默无闻的匠人。

情趣盎然的灯联与赏灯诗

元宵张灯,是元宵节最重要的习俗,千百年来,为历代文人墨客称颂。从这些脍炙人口的赏灯诗中,一幅幅动人的灯节画面犹如幻灯片一般放映,煞是绚烂。另则,充满生趣的元宵吟灯联也大量涌现,在创作灯联的过程中,还留下了一些经典的片段,值得回味。

惊艳时光的赏灯诗

唐代的元宵灯市已经非常壮观,引得文人争相咏哦。前有苏味道的"火树银花合,星桥铁锁开……金吾不禁夜,玉漏莫相催。"后有崔液的"玉漏铜壶且莫催,铁关金锁彻夜开。"其想表达的都是一个主题:元宵良夜,可恨时间短。看不够元宵的花灯,愿时光停驻在此刻。张祜写下"三百内人连袖舞,一进天上著词声";李商隐也回忆道"月色秋山满帝都,香车宝盖隘通衢。"极尽奢华,极尽盛大。

到了宋代，苏东坡说元宵是"灯火家家有，笙歌处处楼"；范成大也描绘江南的元宵"吴台今古繁华地，偏爱元宵影灯戏。"这是在说，家家都有元宵灯火。

"有灯无月不娱人，有月无灯不算春。春到人间人似玉，灯烧月下月如银。满街珠翠游村女，沸地笙歌赛社神。不展芳尊开口笑，如何消得此良辰。"明代才子唐伯虎的一首《元宵》，似在告诉世人：如此良夜，若只有灿烂的灯而无明月，无以尽兴；若只有一轮明月而无华丽的灯，又无以为春。元宵刚刚好，若不尽兴游玩，如何对得起这良辰美景？

充满诗情和浪漫色彩的元宵节，往往与爱情连在一起。除了描绘灯节的画面，更有不少诗篇借元宵抒发爱慕之情。多少浪漫的情志，多少飘逸的心境，多少少女的情怀，都被诗人们付诸笔端。从这些流传下来的经典作品中，一幅幅极具诗情画意的上元灯节画面跃然纸上，千百年来，每每读到，总叫人字字寻味，黯然欣喜或感时伤怀。

"去年元夜时，花市灯如昼。月上柳梢头，人约黄昏后。今年元夜时，月与灯依旧。不见去年人，泪湿春衫袖。"说到上元灯节，必说到爱情，说到爱情，必提到这首《生查子·元夕》，它的作者是宋代文学家欧阳修。在这首词里，两幅不同情思的元夕画面跨时空地被贯穿起来。去年的元夕，有情人相见，带着一丝欢快的小基调；今年的元夕，虽情境如昨，然而情郎却爽约不见。最怕是物是人非，道不尽相思的哀伤。正因其词丽优美,也有人认为出自宋代女词人朱淑真之手。明月皎皎,灯火阑珊,二人并非偶遇,而是相约黄昏,缠绵动人之外,还暗合了上元夜青年男女心知肚明的约会模式。如此浪漫的情致,正是少女情怀的自然倾泻。

"众里寻他千百度,蓦然回首,那人却在,灯火阑珊处。"辛弃疾的这一名句,多少年来被多少人品评、解读,引发了无数深意的猜想。我却愿停留在那绚烂烟火下,伊人独留倩影的片段。寻寻觅觅,终得相逢。对于爱情,"你不要找,你要等。"这才是含情脉脉、欲说还休的中式爱情。多少情爱,发乎于情,止乎于礼,那些个一见倾心、一往情深,终究归于长长的思念中,唯有那些浪漫的时光,定格在上元灯火中,惊艳了时光。

兴致满满赏灯联

"一曲笙歌春似海;千门灯火夜如年。"元宵,胜似过年;

"蜃楼海市落星雨;火树银花不夜天。"元宵,焰火满天;

"三五良宵,花灯吐艳映新春;一年初望,明月生辉度佳节。"新春又元宵,喜上加喜。

这些,皆是元宵的上佳灯联。春节自有春联,灯节也少不了灯联。灯联,是指贴挂在彩灯上的联语。中国古时,张彩灯就要贴灯联。这些灯联妙趣横生,朗朗上口,千百年来为人们细细咀嚼,其背后的故事更为人津津乐道。

"天下三分明月夜，二分无赖是扬州。"这是人人都知道的吟诵扬州的诗句，出自唐代诗人徐凝。到了大宋年间，有人借此发挥，写下一联："天下三分明月夜，扬州十里小红楼。"因为作于上元之夜，据说，这是中国最早记录在案的灯联。从此以后，不少人开始在大门或者显眼的柱子上镶挂灯联，为元宵节增添了不少节日情趣。

最得意的，怕是要数大宋大名鼎鼎的人物——王安石。他在23岁那年进京赶考，路过马家镇马员外家，看他的宅院外挂着一盏走马灯，灯上写着"走马灯，灯马走，灯熄马停步"的灯联。王安石不由得拍手称道，"好对！好对！"员外家的仆人立即去告知马员外，待员外出门来看时，王安石已经离去。次日，王安石考试非常顺利，交了头卷。主考官很是欣赏，立即传他来面见。主考官随便一指飞虎旗，说"飞虎旗，旗虎飞，旗卷虎身藏。"王安石立马想到马员外家走马灯上的那半幅灯联，答道："走马灯，灯马走，灯熄马停步。"主考官不禁暗自赞叹。考完回乡的王安石，挂记马员外家的走马灯对自己的帮助，特意又去看，被员外家的那位仆人认了出来，执意请他进门面见马员外。马员外执意要让王安石做对，王安石灵机一动："飞虎旗，旗虎飞，旗卷虎身藏。"马员外很是高兴，立马将女儿婚配给王安石。没想到，一副巧合的灯联，竟然成就了王安石两大喜事。

另有一人也借灯联捡了"大便宜"。传说明成祖朱棣于元宵出游，偶遇一秀才，相谈甚欢。朱棣出一上联："灯明月明，灯月长明,大明一统。"这位秀才也是颇会拍马屁,对答:"君乐民乐,军民同乐,永乐万年。"这"永乐"就是明成祖的年号,这一对哄得皇帝眉开眼笑,当即赐他状元之名。

灯联,还能做暗含谜语的谜联。清代大学士纪晓岚就曾作了一个谜联,竟把乾隆皇帝也难住了!这幅谜联是:"黑不是,白不是,红黄更不是。和狐狼猫狗仿佛,既非家畜,又非野兽。诗也有,词也有,论语上也有。对东西南北模糊,虽为短品,也是妙文。"黑白黄红都不是,难道是个"青",和虎狼猫狗仿佛,正好凑成反犬旁,可不是一个"猜"字吗?诗词论语,皆有"言",东西南北模糊,可不是个"迷",正好凑成一个"谜"字。所以这幅谜联的谜底就是"猜谜"。

正月十五赏灯联,趣味多多,甚至脑洞大大,不得不为古人的博学多才折服。

古画里的元宵节

古人的元宵,动辄一个黄金周,甚至十天假期的元宵节又不能出去旅游,也不能追剧,到底要如何玩才能天天不重样,年年不厌烦呢?不如走进古画里看个究竟。

《明宪宗元宵行乐图》,古人的元宵真会玩

《明宪宗元宵行乐图》,纵 36.7cm、横 690cm,现藏于中国国家博物馆,由明代宫廷画师绘制而成,全景展现了明宪宗时期宫廷元宵节的完整盛况。虽说画的都是宫中场景,但很多演出、杂技、魔术、灯市等场面皆是从民间"搬"进宫里的,可谓一幅图就可窥明代闹元宵之盛况。

要说史上最爱闹元宵的皇帝,明宪宗朱见深也是排前几位的。1485 年的元宵节,皇帝要在宫中大肆庆祝,上至群臣,下至宫女侍卫,自然个个极尽配合。想看热闹吗?好啊!宫中张灯结彩,人人着红穿绿,喜庆之色跃然纸上。第一批群演来了,

临摹版《明宪宗元宵行乐图》

他们是放爆竹的太监和童子。从图上看，有人在点火，有人捂着耳朵，有人正在往边上跑，甚至有胆大的直接将鞭炮拿在手上点燃……明宪宗头戴黑帽，身着绣金龙袍，于殿前的黄色帐篷下欣赏这一幕。

场景切换到第二幕的时候，花式观灯隆重上演了！童子们手提着各种寓意吉祥的灯，有蟾蜍、人偶、马灯、兔子灯、螃蟹灯等。虽已有漂亮的花灯在手，大家眼睛却落到了不远处的一个货架上。货郎是从宫外请进来的，带着浓浓的民间街市的味道。货架上各色彩灯炫目，还有不少新奇的小玩意儿，引得童子驻足。

赏灯之外，还得有表演。杂技班子被请进宫里，明宪宗也换了一身明黄色的华服，端坐大殿前看热闹。"道士"来了，"弥勒佛"也来了，这是化装演出队伍；牵着瑞兽，扛着珊瑚的外国友人也来了，这是外国使臣队伍；吹拉弹唱的队伍也来了……一幕幕看下来，真有仪式感。最吸睛的，还数台下各种杂技表演。钻圈的、爬杆的、玩倒立的，各个绝活傍身；吹笛子的、敲锣的、打鼓的，助兴的乐队也十分尽兴……虽不在画中，胜似在画中一般。

最后还有一"鳌山灯棚"令人大开眼界。这是一座用松柏枝扎成的灯棚，据说是仿照玉皇大帝巨鳌的形状而建造的。灯棚上各种彩灯让人眼花缭乱，彩灯之间还有八仙往来穿梭。光是盯着这灯棚看，就够看上一两日了。

如此费心的安排，明宪宗应是非常满意的。于是，便下令宫廷画师将这些场景一一记录下来。这样一幅写实性的《元宵行乐图》在如今看来依然新奇好玩，为人津津乐道。

另有一些反映清宫元宵节的名画也值得一观。如现藏于故宫博物院的《乾隆帝元宵行乐图》轴，纵302厘米，横204.3厘米，描绘了乾隆皇帝与皇族子弟们在宫苑内庆贺元宵节的情景。图中，乾隆皇帝正襟危坐于楼阁上，目视着皇族子弟们闹元宵。宫里的孩子玩的东西和外面的孩子大抵也是差不多的：有打腰鼓的，舞龙灯的，戴大头面具嬉戏的……花灯也是各有所好，有传统的鱼形花灯，也有颇具创意的猪八戒造型玩偶。

《上元灯彩图》，金陵元宵真风趣

前文中已经提到过"秦淮灯彩甲天下"，至于如何"甲天下"，要从明代古画《上元灯彩图》去寻找答案。

明中叶后，江南的金陵（今江苏南京）十分富庶，作于此时期的《上元灯彩图》很好地表现了秦淮一带人们上元游乐之胜景。

乍一看此图，大概只能用"人山人海""接踵摩肩"来形容。

热闹繁复的景象简直可与北宋名画《清明上河图》一较高下。此图纵266.6厘米，横25.5厘米，完整再现了金陵最繁华街区的上元欢腾之景。

既然是上元灯节，图中最吸睛的当然是画卷中心的鳌山巨型彩灯。另外，还有荷花灯、南瓜灯、鱼虾灯、蟾蜍灯等；宫灯、走马灯、纱灯等也应有尽有。这是一场花灯大比拼，更是一场集市盛宴。有走进店铺欣赏字画的，亦有流连小摊儿把玩瓷器的。如今颇受文化人追捧的明式家具在这个街市上也能找到原型——桌、凳、案、几、椅、柙、屏、架、箱、床等，做工颇为精致。作为明朝的开国都城，城中王公贵戚对花鸟虫鱼等闲事颇为上心。万般闲适的元宵长假，赏灯，猎奇，买买买，逗鸟看鱼玩奇石……何等快乐，何等风趣！

《瑞鹤图》，不走寻常路的元宵喜乐图

一幅《瑞鹤图》，膜拜宋徽宗。

深青蓝色的天空是画面的底色，宫殿被云层包裹，只露出殿宇的顶部，两只驻足鸱尾之端的白鹤顾盼生姿；其上，更有十八只飞舞的白鹤。寓意吉祥长寿的群鹤翔集，神秘的祥瑞之气油然而生。这幅图名为《瑞鹤图》，纵51厘米，横138.2厘米，现藏于辽宁省博物馆。世人观此图，多被它不凡的格局所打动，却不知，这其实是一幅不走寻常路的元宵喜乐图。

大宋政和二年（1112年）的元宵，按惯例，汴梁城要连办五日灯会，白天灯市人流如织，夜晚灯会热闹非凡。宋徽宗甚是喜欢这个节日，他邀请群臣上城楼观看歌舞表演。突然，祥云飘来，萦绕端门，众人循着云的方向望去；接着，一群仙鹤驾到，在空中优雅争鸣，久久不去。更有两只仙鹤不偏不倚地落在了宫殿左右高大的鸱吻之端，看上去颇为闲适。此情此景，若放之今日，定会秒杀无数菲林。但在千年之前的大宋，多数人只能将这一幕记在脑海里。

可喜可贺的是，宋徽宗真是一位全才，这一幕引得他龙颜大悦，认为是国运昌隆的预兆，于是欣然提笔，以画笔做相机，将这难得的画面记录了下来，还亲自将创作此画的背景写下来："政和壬辰，上元之次夕，忽有祥云拂欝，低映端门，众皆仰而视之。倏有群鹤飞鸣于空中，仍有二鹤对止于鸱尾之端，颇甚闲适，余皆翱翔，如应奏节。往来都民，无不稽首瞻望，叹异久之，经时不散，迤逦归飞西北隅散。感兹祥瑞，故作诗以纪其实。"另还赋诗一首："清晓觚棱拂彩霓，仙禽告瑞忽来仪。飘飘元是三山侣，两两还呈千岁姿。似拟碧鸾栖宝阁，岂同赤雁集天池。徘徊嘹唳当丹阙，故使憧憧庶俗知。"

按照徽宗的本意，作此图本是为了留住难忘的一刻，祈愿国祚绵长，在我看来，这却是一幅不同寻常的元宵喜乐图。世人皆言上元灯节，皆叹灯节盛况，徽宗偏偏落眼在他处，一个皇帝祈愿国泰民安的心意油然而生。

临摹版《瑞鹤图》

名著里的元宵节

一个元宵节,曹雪芹写了五回,施耐庵写了三回。元宵年年过,富贵风流不必说。

《红楼梦》:如花美眷,流光溢彩,贾府里过元宵

《红楼梦》中,有五回写到了贾府的三次元宵节,可见曹雪芹对元宵节何等偏爱。其中有一回,可以瞥见花灯之华丽。第十八回《皇恩重元妃省父母,天伦乐宝玉呈才藻》,为了迎接新晋皇妃元春回娘家,贾府上下想尽了办法。元春省亲的日子定在正月十五元宵夜,那么,赏灯自然是少不了的。"只见园中香烟缭绕,花彩缤纷,处处灯光相映,时时细乐声喧,说不尽这太平气象,富贵风流。"灯火是主角,音乐是陪衬,还有香烟营造的浪漫背景,应该是非常合元妃的心意的。

接下来还有描述:"清流一带,势如游龙,两边石栏上,皆系水晶玻璃各色风灯,点的如银花雪浪,上面柳杏诸树虽无花

叶,然皆用通草绸绫纸绢依势做成,粘于枝上的,每一株悬灯数盏,更兼池中荷荇凫鹭之属,亦皆系螺蚌羽毛之类作就的。诸灯上下争辉,真系玻璃世界,珠宝乾坤。船上亦系各种精致盆景诸灯,珠帘绣幕,桂楫兰桡,自不必说。已而,入一石港,港上一面匾灯,明现着'蓼汀花溆'四字。"果然处处繁花似锦,难怪即便是见了大世面的元春也会微叹:"太过奢华靡费了。"彰显出彼时贾府的富贵风流。

后来,元妃回宫,又特地做了灯谜让贾府众人猜,还传旨让众人也作灯谜传回宫中。贾母颇有兴致,在第二十二回《听曲文宝玉悟禅机 制灯谜贾政悲谶语》写道:"贾母见元春这般有兴,自己越发喜乐,便命速作一架小巧精致围屏灯来,设于当屋,命他姊妹各自暗暗的作了,写出来粘于屏上,然后预备下香茶细果以及各色玩物,为猜着之贺。"贾母率一干女眷在大观园里看戏,击鼓传花,吃酒行令、猜谜,乐此不疲。

第五十三回,贾府里又开始过元宵。这一回可以看见对花灯的细致描述:"两边大梁上,挂着一对联三聚五玻璃芙蓉彩穗灯。每一席前竖一柄漆干倒垂荷叶,叶上有烛信,插着彩烛。这荷叶乃是錾珐琅的,活信可以扭转,如今皆将荷叶扭转向外,将灯影逼住,全向外照,看戏分外真切。窗格、门户一齐摘下,全挂彩穗各种宫灯。廊檐内外及两边游廊罩棚,将各色羊角、玻璃、戳纱、料丝,或绣,或画,或堆,或抠,或绢,或纸诸灯挂满。"划重点:有玻璃、彩穗、彩烛、珐琅……除了中国传

统的刺绣、画、绢工艺外,来自西洋的稀罕物也融入到花灯艺术中,即便在今天看来,也是非常奢华的。

观花灯、吃元宵、猜灯谜、看大戏……上等茗茶,时令花木,雅致摆件,各色玩物……贾府的元宵,不仅是一场热闹的大戏,更是一场春日里的雅集。如花美眷们足不出户,自己家就有好戏一台!笙箫终将远去,灯火稀微,虽然"天下无不散之筵席",但也愿久久沉浸在这温馨与繁华的梦境中。

《西游记》：唐僧师徒夜观灯

在《西游记》日日打怪的节奏中，也有浪漫轻松的片段，比如第九十一回"金平府元夜观灯，玄英洞唐僧供状"中，唐僧师徒四人过玉华县，来到天竺附近的金平府，正好是正月十三。再过两日便是元宵节，僧人们忙里忙外，佳节的准备工作正在紧张有序地进行着。僧人对唐僧说道："今日乃正月十三，到晚就试灯，后日十五上元，直至十八九，方才谢灯。我这里人家好事，本府太守老爷爱民，各地方俱高张灯火，彻夜笙箫。还有个金灯桥，乃上古传留，至今丰盛。老爷们宽住数日，我荒山颇管待得起。"

虽此地并非京城，但也要连续六七日上灯。而花灯样式就更不得了了："又见那六街三市灯亮，半空一鉴初升。那月如冯夷推上烂银盘，这灯似仙女织成铺地锦。灯映月，增一倍光辉；月照灯，添十分灿烂。观不尽铁锁星桥，看不了灯花火树。雪花灯、梅花灯，春冰剪碎；绣屏灯、画屏灯，五彩攒成。核桃灯、荷花灯，灯楼高挂；青狮灯、白象灯，灯架高擎。虾儿灯、鳖儿灯，棚前高弄；羊儿灯、兔儿灯，檐下精神。鹰儿灯、凤儿灯，相连相并；虎儿灯、马儿灯，同走同行。仙鹤灯、白鹿灯，寿星骑坐；金鱼灯、长鲸灯，李白高乘。鳌山灯，神仙聚会；走马灯，武将交锋。万千家灯火楼台，十数里云烟世界。"可谓是"三五良宵节，上元春色和。花灯悬闹市，齐唱太平歌。"

《水浒传》：梁山好汉闹元宵真让人受不了

梁山好汉爱闹事，元宵节怎么肯消停？《水浒传》里有故事的元宵节主要有三个，分别描写了三个完全不同规模的元宵节：

其一，只有三五千人口的小小清风寨，"且说这清风寨镇上居民，商量放灯一事，准备庆赏元宵。科敛钱物，去土地大王庙前扎缚起一座小鳌山，上面结彩悬花，张挂五六百碗花灯，土地大王庙内，逞赛诸般社火。家家门前，扎起灯棚，赛悬灯火。市镇上，诸行百艺都有。虽然比不得京师，只此也是人间天上。"别小看了这个清风寨，虽然只是山东青州某镇上的一个寨子，在宋元却是兵家必争之地。陆游有诗"何须觅得桃源路，清风寨里醉不归"，据说正是寨名的出处。因此，清风寨的元宵节，规模应该超过了普通村寨。

正因如此，宋江才冒险到寨里观灯："看那小鳌山时，但见：山石穿双龙戏水，云霞映独鹤朝天。金莲灯，玉梅灯，晃一片琉璃；荷花灯，芙蓉灯，散千团锦绣。银蛾斗彩，双双随绣带香球；雪柳争辉，缕缕拂华幡翠幕。村歌社鼓，花灯影里竞喧阗；织妇蚕奴，画烛光中同赏玩。虽无佳丽风流曲，尽贺丰登大有年。"由此，可见即使宋代村寨级的元宵灯会，不仅规模惊人，而且花样繁多，工艺精湛，不在话下。也许因为这灯着实太好看，让宋江忘情其中，才被知寨刘高拿下，花荣将其救出，自己却陷囚车，最终被逼上梁山落草。

其二，大中型城市大名府，"家家门前扎起灯栅，都要赛挂好灯，巧样烟火；户内缚起山棚，摆放五色屏风炮灯，四边都挂名人书画并奇异古董玩器之物；在城大街小巷，家家都要点灯。大名府留守司州桥边搭起一座鳌山，上面盘红黄大龙两条，每片鳞甲上点灯一盏，口喷净水。去州桥河内周围上下点灯不计其数。铜佛寺前扎起一座鳌山，上面盘青龙一条，周回也有千百盏花灯。翠云楼前也扎起一座鳌山，上面盘著一条白龙，四面灯火，不计其数。原来这座酒楼，名贯河北，号为第一；上有三檐滴水，雕梁绣柱，极是造得好；楼上楼下，有百十处阁子，终朝鼓乐喧天，每日笙歌聒耳。城中各处宫观寺院佛殿法堂中，各设灯火，庆贺丰年。"

大名府是《水浒传》里的"热搜"地名，梁山好汉时常在那里活动，玉麒麟卢俊义便是大名府首富。作为北宋"五京"之一的"北京"，大名府与东京开封府、南京应天府并称"三大都"，更是北宋的"陪都"，可见政治经济地位相当重要。就是这样的大城市，这样全民狂欢喜庆的元宵节，梁山好汉为救出身陷大牢的卢俊义和石秀等人，竟派人火烧翠云楼，智取大名府。"游人流连尚未绝，高楼顷刻生云烟"。"但见：烟迷城市，火燎楼台。千门万户受灾危，三市六街遭患难。鳌山倒塌，红光影里碎琉璃。屋宇崩摧，烈焰火中烧翡翠"。更可怜的，当然是城中百姓，"如花仕女，人丛中金坠玉崩。玩景佳人，片时间星飞云散。瓦砾藏埋金万斛,楼台变作祝融墟。可惜千年歌舞地,翻成一片战争场"。当然,这只是小说演绎,大名府也早已不复存在(其旧址在现今河北邯郸市大名县东南一带)。

其三,都城汴京,"祥云笼凤阙,瑞霭罩龙楼。琉璃瓦砌鸳鸯,龟背帘垂翡翠。正阳门迳通黄道,长朝殿端拱紫垣。浑仪台占算星辰,待漏院班分文武。墙涂椒粉,丝丝绿柳拂飞甍。殿绕拦楯,簇簇紫花迎步辇。恍疑身在蓬莱岛,仿佛神游兜率天。"东京汴梁的元宵夜,已美到无法细说,只能概括为仙境、天堂。如此良辰美景,"赵官家"宋徽宗本来想与民同乐,宋江带人潜入也只为求见皇上枕边红人李师师,争取个招安政策。哪想李逵那厮耍起性子,打了杨太尉,还一把火烧了李师师的家,"惊得赵官家一道烟走了"。于是,好端端的汴京元宵夜,又成了梁山好汉杀人放火的绝好时机。

花灯艺术，共襄一场灯彩盛宴

元宵观灯，还有一场大戏等着你：斗灯。花灯千奇百怪，各吐其芳，这斗花灯，便将观灯又推向一个高潮。2006年，北京灯彩入选国家级非物质文化遗产名录。

走心的中国花灯

明末小说《梼杌闲评》中写了万历年间的上元节：梅花灯、雪花灯、绣屏灯、画屏灯、蟠桃灯、荷花灯、虾子灯、鱼儿灯、羊儿灯、兔儿灯、马儿灯、金鱼灯等，宫中还在"殿前搭起五座鳌山，各宫院都是珍珠穿就、白玉碾成的各色奇巧灯。至于料丝、羊皮、夹纱，俱不必说。"瞧瞧，名目如此繁多的灯盏，是不是已经让你眼花缭乱了。

这其中，富有吉祥寓意的灯占了颇大比重，比如"蟠桃灯、荷花灯"等。这样的灯也极具美感，受到美人儿的抬举。《金瓶梅》第十五回"佳人笑赏玩灯楼"中就提到了："金屏灯、玉楼灯见一片珠玑；荷花灯、芙蓉灯散千围锦绣。"

另有一些灯更招揽小孩子的心，比如兔儿灯、羊儿灯、金鱼灯、马儿灯等。尤其是兔儿灯，更受人们青睐。正月十五月儿圆，中国人相信，月宫里住着嫦娥仙子和玉兔，因此，人们将兔子视为元宵的吉祥物。兔子灯照到哪里，就会把幸运和吉祥洒到了哪里。

花灯人人都能赏，几乎等于零门槛。上至白发老妪，下到垂髫小儿，人人都可从花灯中找到故事，感受温暖，得到共鸣，发现美好。真正的艺术一定来源于生活，从中国传统农业时代中酝酿出来的花灯，它们出现在正月十五这个特殊的日子里，不仅有其重要的生活功能和社会意义，更兼具艺术特色，是中国浩瀚艺术之海中的一颗璀璨明珠。

匠心独运,欲与天公试比高

花灯盏盏,照亮岁月长河,一代代中国匠人,用手编织彩灯,用心打磨精品。岁月沧桑,唯有灯火依旧辉煌。

花灯艺术,不是简单的扎花灯的技艺,而是彩扎、裱糊、编结、刺绣、雕刻、剪纸及诗词书画的集大成者。灯的框架与外罩,多用竹篾条,以纱葛、纸张做罩,再以雕刻、剪纸、书画、诗词等做装饰;贵族之家则用水晶、云母、玻璃配以珍珠、流苏、宝石等物制作灯彩。《红楼梦》里就有如此奢华的灯彩。"两边大梁上挂着联三聚五玻璃彩穗灯,每席前竖着倒垂荷叶一柄,柄上有彩烛插着。这荷叶乃是洋錾珐琅活信。"这种灯,想必就是最富丽堂皇的了,否则也不会挂在大堂中间最高处。

简朴如一盏荷花灯,也要经过从纸张的切割到染色、润纸、打磨、粘花瓣再到最终成型的过程。非几十道严格的工序下不来。在纸上着色更是考验手艺人的书画功底。写上福禄寿喜、画点花鸟虫鱼都是小意思，更有将民间传说故事搬到花灯上的，其功力可见一斑。

这里面，伞灯和无骨灯的制作又是公认的难。清人《清波小志》中说："沪邑元宵灯火，以伞灯为最。灯作伞形，或圆，或六角，咸以五色锦笺缀成，磨薄令如蝉翼，上镂人物、花鸟，细若茧丝。一灯之制，经岁始成，虽费百金不惜。"意思是说，上海的元宵节以伞灯最为出众。灯制成伞的形状，有圆形，也有六角形，皆用精致华美的五色彩纸装饰而成。彩纸被打磨得薄如蝉翼，上面绘有人物、花鸟，最精妙的是，画的笔锋竟然可与茧丝比细！不用说，这样一盏灯绝对费时费力，做一盏要花上一年的时间，所费上百金，可谓慢工出细活。

无骨灯就更厉害了。从字面上看就知道，无骨灯就是没有骨架支撑，整体全靠人工用绣花针刺成十几片（最多五十八片）各种图案的纸片粘接而成，且轻巧能飞。无骨灯自唐朝起到现在，流传于浙江仙居一带。2006年6月，仙居无骨花灯入选首批国家级非物质文化遗产。一代代无骨灯的工匠们，用一针一针的刺绣，缔造出一个个花灯神话。

再如灯中显贵鳌山灯，因取材于神话传说，人们只能凭想象塑造它。鳌是神话传说中驮着东海上蓬莱、方丈、瀛洲三座仙山的大龟，鳌山就是将花灯层层叠叠堆成大鳌形状的"灯山"。为了搭建"山"，人们便用层层对垒的方式，再用缯彩表现苍翠的林木，用水流勾勒山的清幽；彩扎的人物就是传说中的神仙，搭建的楼阁便是神仙的住所。

如此精巧传神的花灯制作，除了匠人们沉得下心、耐得住寂寞、精雕细磨的态度，更得有脑洞大开的想象力。中国古代匠人的灵光一闪，就诞生了一项伟大的发明——走马灯。

走马灯，走马灯，当灯转起来的时候，就像是几个人在你追我赶一般，故此得名。走马灯的外形多为六棱柱形，也就是宫灯状，内有三层，外层是骨架，二层为立轴，内层是旋转叶轮。每层上面都糊有剪纸图案。叶轮下边，立轴底部近旁，装一油灯架，燃灯以后热气上熏，纸轮辐转，灯屏上即出现人马追逐、物换景移的影像。这是现代燃气涡轮工作原理在1000多年前的原始应用。

花灯艺术永不落幕

点亮传统花灯，传承匠人精神。在当代，这注定是一条寂寞的路。处处求快的当今社会，还有几个人能静下心来细细赏

玩一盏灯？恰是如此，则更需要花灯手艺人沉心于这门艺术，让唐宋明清的花灯再次"活"来，让现代人看到它的美，读懂它的美，复活它的美。

明清时期，北京灯市口一带有盛极一时的灯市，全国宫灯艺人云集于此，宫廷色彩极浓的北京宫灯名声大噪。清朝末期，北京宫灯还曾在巴拿马博览会上获得过金牌。木质框架，扇面上有图画，配有流苏或中国结的花灯就是典型的北京宫灯。它集木艺、雕刻、漆饰、编织、绘画等多种手工技艺于一身，2008年入选国家级非物质文化遗产名录。

遗憾的是，目前，专于北京宫灯的技师年龄都大了，且少有年轻人愿意学习这门手艺。北京宫灯面临着后继无人的状况。

无独有偶,历史悠久的潮州花灯也面临着青黄不接的尴尬。作为我国民间艺术宝库中的瑰宝,潮州花灯又细分为彩扎的立式屏灯和彩绘的挂灯。特别是以戏曲和历史人物故事为主要表现题材的屏灯,配以楼台亭阁、山水园林、动物形象等,做成一屏屏的景物,再装配灯光加以映衬,一屏一灯,异常精美。随着老艺人年事渐高,新的传承人接续不上,潮州花灯的困境也亟待解决。

年年岁岁花相似,岁岁年年灯不同。华彩越千年,理当枝繁叶更茂。千百年来,中国花灯陪伴着中国人度过一个个喜乐元宵,早已融入我们的骨血,照亮了我们的精神世界。

心手相传,灯火不熄。彩灯展展,欢天喜地。中国传统花灯艺术是一个独特的文化符号,期待它在新时代绽放新的光彩,璀璨夺目。

文人们记忆里的元宵节

中国现当代文学名家,专门为元宵作文的不多,其中沈从文先生写于1963年的《灯节的灯》,汪曾祺先生写于1993年的《故乡的元宵》,算得上两篇代表作。其他的,大都是在写过年的时候,顺带提到过元宵,比如老舍先生《北京的春节》,以及冰心《漫谈过年》。这几位所记述的过元宵,正好代表了中国几个不同地方的元宵习俗,读来各有意趣。

沈从文:湘西闹元宵——狮子龙灯焰火

上世纪六十年代,沈从文先生写过一篇叫《灯节的灯》的散文。他认为"元宵主要在观灯",在文中细述中国元宵观灯史,翔实生动,不紧不慢,还是一贯的行文风格。

讲述观灯史之余,沈从文也以相当的篇幅回忆了自己儿时在湘西过元宵的情形。"我生长家乡是湘西边上一个居民不到一万户口的小县城,但是狮子龙灯焰火,半世纪前在湘西各县

却极著名。"他说,"逢年过节,各街坊多有自己的灯。由初一到十二叫'送灯',只是全城敲锣打鼓各处玩去。白天多大锣大鼓在桥头上表演戏水,或在八九张方桌上盘旋上下。晚上则在灯火下玩蚌壳精,用细乐伴奏。"

这些,都可看作是为元宵节做准备,预热。元宵一到,生性彪悍的湘西人就成群结队,甩开膀子开闹。"十三到十五叫'烧灯',主要比赛转到另一方面,看谁家焰火出众超群。"大人们要殖个"出众超群",孩子们呢,也没闲着!"我照例凭顽童资格,和百十个大小顽童,追随队伍城厢内外各处走去,和大伙在炮仗焰火中消磨。"

且看著名的"狮子龙灯焰火"怎么玩的吧!"玩灯的不仅要气力,还得要勇敢,为表示英雄无畏,每当场坪中焰火上升时,白光直泻数丈,有的还大吼如雷,这些人却不管是'震天雷'还是'猛虎下山',照例得赤膊上阵,迎面奋勇而前。"没资格上阵的孩子们,"只能趁热闹在旁呐喊助威",运气好的,还能

得到许可"拿个松明火炬或者背背鼓"。这样一直闹腾到"天快发白","大家都烧得个焦头烂额,筋疲力尽",大家却"始终能跟随队伍走,马不离群",只是乐队鼓笛都板眼散乱了。"有时为振作大伙精神,乐队中忽然又悠悠扬扬吹起'踹八板'来,狮子耳朵只那么摇动几下,老渔翁和蚌壳精即或得应着鼓笛节奏,当街随意兜两个圈子,不到终曲照例就瘫下来,惹得大家好笑!"

最后集中到某个会馆前,点验家伙散场,而街面上的铺子"已经放鞭炮烧开门纸迎财神"开市了,这个元宵才算真正闹完。

汪曾祺:江南过元宵——不看围屏就不算过灯节似的

沈从文《灯节的灯》发表 30 年后,汪曾祺也动笔回忆了一番《故乡的元宵》。不过,与从文先生的湘西闹元宵相反,汪先生开门见山地说,"故乡的元宵是并不热闹的。"为什么呢?因为"没有狮子、龙灯,没有高跷,没有跑旱船,没有'大头和尚戏柳翠',没有花担子,茶担子。这些都在七月十五'迎会'——赛城隍时才有,元宵是没有的。很多地方兴'闹元宵',我们那里的元宵却是静静的。"

江南一般管元宵叫"灯节"。"灯节要过几天,十三上灯,十七落灯。'正日子'是十五。"家中各屋的灯都点起来,"大妈(大伯母)屋里是四盏玻璃方灯。二妈屋里是画了红寿字的白明角琉璃灯,还有一盏珠子灯。我的继母屋里点的是红琉璃泡子。"在作者的记忆里,这些灯不仅形态各异,而且"明亮而温柔,显得很吉祥"。

至于灯节的主要活动,汪先生记录了四项:上街看走马灯、孩子们自己做灯、看围屏,以及放花。

"走马灯不过是来回转动的车、马、人(兵)的影子,但也能看它转几圈,后来我自己也动手做了一个,点了蜡烛,看着里面的纸轮,一样转了起来,外面的纸屏上一样映出了影子,很欣喜。"作者不仅动手能力强,还是个善于观察的孩子,他发现,"乾陛和的走马灯并不'走',只是一个长方的纸箱子,正面白纸上有一些彩色的小人,小人连着一根头发丝,烛火烘热了发丝,小人的手脚会上下动。"虽然走马灯不"走",但"我们还是叫它走马灯。要不,叫它什么灯呢?"

孩子们不仅喜欢看灯,而且大都有自己的灯,兔子灯、绣球灯、马灯等等。"马灯兔子灯大都是自己动手做的,下面安四个轱辘,可以拉着走。"也有手提的灯,像西瓜灯、蛤蟆灯、鱼灯,"是小小孩玩的"。

再看围屏,汪先生认为"可能是外地所没有的"。据他描述,"硬木长方框,约三尺高,尺半宽,镶绢,上画演义小说人物故事,灯节前装好,一堂围屏约三十幅,屏后点蜡烛。这实际上是照得透亮的连环画。"虽然并不神秘,也没什么技术含量,"围屏看了多少年,但还是年年看"。对孩子们来说,"好像不看围屏就不算过灯节似的。"

这些活动看上去的确不热闹,安安静静,斯斯文文的,是江南惯有的气质。另一项活动"放花",听起来似乎该热闹一点了吧!但在汪老先生笔下,却是另一番景象。"有人放高升(起火),不多的几支。起火升到天上,嗤——灭了。"他还写道:"天上有一盏红灯笼。竹篾为骨,外糊红纸,一个长方的筒,里面点了蜡烛,放到天上。灯笼是很好放的,连脑线都不用,在一个角上系上线，就能飞上去。灯笼在天上微微飘动，不知道为什么，看了使人有一点薄薄的凄凉。"

这应该算是比较另类的元宵记忆了。

老舍：北京过元宵——整条的大街像是办喜事

老舍先生的名作《北京的春节》，从腊八到正月十九，娓娓道来，字里行间弥漫着浓烈的京味儿年。

这个京味儿年的高潮，正是元宵节。老北京的元宵节，通常从正月十三闹到十七。老舍说，"除夕是热闹的，可是没有月光；元宵节呢，恰好是明月当空。元旦是体面的，家家门前贴着鲜红的春联，人们穿着新衣裳，可是它还不够美。元宵节，处处悬灯结彩，整条的大街像是办喜事，火炽而美丽。"

可见，老舍对元宵节是真爱。他这样描绘北京城元宵夜的"火炽而美丽"："有名的老铺都要挂出几百盏灯来，有的一律是玻璃的，有的清一色是牛角的，有的都是纱灯；有的各形各色，有的通通彩绘全部《红楼梦》或《水浒传》故事。这在当年，也就是一种广告；灯一悬起，任何人都可以进到铺中参观；晚间灯中都点上烛，观者就更多。这广告可不庸俗。干果店在灯节还要做一批杂拌儿生意，所以每每独出心裁的，制成各样的冰灯，或用麦苗做成一两条碧绿的长龙，把顾客招来。"

北京的元宵节可不只是张灯结彩，"广场上还放花合"，城隍庙还燃起火判（烧火判儿），公园里还放起天灯，"像巨星似的飞到天空"。

北京城既然这样的美好，元宵夜既然如此绚烂，北京人当然不能在家待着。"男男女女都出来踏月、看灯、看焰火；街上的人拥挤不动。"好不热闹。这样的北京城，这样的元宵节，难怪老舍先生最后由衷感叹："这的确是美好快乐的日子。"

冰心：福州过元宵——送灯添丁

冰心著名散文集《寄小读者》里，收录了一篇《漫谈过年》。当时，冰心作为已经过了八十几个年的世纪老人，深情地回忆起自己的家乡年俗。她与老舍先生一样，也认为元宵节是新年过后的"一个高潮"。

冰心的老家在福州市南后街,"从来就是灯市"。即使不到灯节,"就已是'花市灯如昼'了,灯月交辉,街上的人流彻夜不绝"。其热闹景象,可以想象。

但冰心印象最深的,却是福州外婆家送灯的习俗。福州方言,"灯"与"丁"同音,送灯就是"添丁"。因此,外婆家送给冰心姐弟四人五盏灯。让冰心觉得特别神气的是,"我的弟弟们比我小的多,他们还不大会玩,我这时就占了便宜,我墙上挂的是'三英战吕布'的走马灯,一手提着一盏眼睛能动的金鱼灯,一手拉着会在地上走的兔儿灯"

图书在版编目（CIP）数据

元宵/苏槿，萧三闲著.--北京：五洲传播出版社，2020.2（中国节）

ISBN 978-7-5085-4365-9

Ⅰ.①元… Ⅱ.①苏… ②萧… Ⅲ.①节日—风俗习惯—中国 Ⅳ.①K892.1

中国版本图书馆CIP数据核字(2020)第013140号

元宵

文　　字	苏　槿
插　　画	萧三闲
出 版 人	荆孝敏
责任编辑	梁　媛
装帧设计	红方众文　朱丽娜　张芳芳
出版发行	五洲传播出版社
地　　址	北京市海淀区北三环中路31号生产力大楼B座6层
邮　　编	100088
发行电话	010-82005927，010-82007837
网　　址	http://www.cicc.org.cn，http://www.thatsbooks.com
印　　刷	天津图文方嘉印刷有限公司
版　　次	2020年2月第1版第1次印刷
开　　本	787mm×1092mm　1/32
印　　张	5.5
字　　数	120千
定　　价	49.80元